¡vaya!

¡vaya!

LIBRO 1

Written at the Language Teaching Centre,
the University of York
by Marie Anthony and Michael Buckby

Nelson

Thomas Nelson and Sons Ltd
Nelson House   Mayfield Road
Walton-on-Thames   Surrey
KT12 5PL   UK

51 York Place
Edinburgh
EH1 3JD   UK

Thomas Nelson (Hong Kong) Ltd
Toppan Building 10/F
22A Westlands Road
Quarry Bay   Hong Kong

Distributed in Australia by
Thomas Nelson Australia
480 La Trobe Street
Melbourne   Victoria 3000
and in Sydney, Brisbane, Adelaide and Perth

© Language Teaching Centre, University of York 1987

First published by Thomas Nelson and Sons Ltd 1987

ISBN 0-17-439156-0

NPN 10 9 8 7 6 5 4 3 2

Printed and Bound in Hong Kong

ACKNOWLEDGEMENTS

Photographs

Ayuntamiento de Málaga: p.24 (bottom right), p.25
(bottom right);
DAS Photo: p.57 (3rd left), p.58 (top right), p.66 (left),
p.73 (left x 2);
Greg Evans: p.74 (bottom right);
Rex Features: p.60 (bottom right x 2), p.79 (x 3), p.93
(right);
Format: p.57 (bottom left), p.63 (top left, top right),
p.74 (top left);
Sally & Richard Greenhill: p.57 (middle x 2, bottom
right x 2), p.58 (top x 2), p.63 (top middle, bottom right
x 2);
Foto Color Guzmán: p.9 (top left, middle left);
Picturepoint: p.74 (bottom left).

All other photos: Chris Ridgers, Andrew Steeds and
Michael Buckby.

Every effort has been made to trace owners of
copyright and, if any omissions can be rectified, the
publishers will be pleased to make the necessary
arrangements.

Illustrations

Peter Joyce for the cartoons on pages 7, 12, 53, 54, 66,
86, 88, 93, 94, 102, 113, 132, 133.
Fiona MacVicar/The Ink Shed for the illustrations on
pages 65, 70, 71, 80, 104, 105, 106.
Julie Brown for the illustrations on pages 37, 38, 39,
48, 50, 51, 52, 53, 85, 87, 101, 117, 118.
Quadra Graphics for all symbols and diagrams.
Colin Lewis for all maps and any remaining
illustrations.
Students of Ealing College for handwritten letters in
Spanish.

MATERIAS

INTRODUCCIÓN

¡Bienvenidos al español!

Welcome to Spanish! Spain is the most popular holiday country in Europe and some of you may already have been there. It is well worth a visit sometime if you have not had the chance to go already. As well as beautiful beaches and holiday resorts, there are old towns, modern cities, lots of sports facilities and wonderful scenery. But did you know that Spanish is the main language of 21 other countries as well as Spain? That means it is spoken by more people in more countries than any other language, except English.

Did you know . . .

- that Spanish is the language of the largest city in the world, Mexico City?

- that so many people in the USA have Spanish as their first language that many signs in Miami and New York are in Spanish as well as English?

- that more than 6 million Britons a year spend their holidays in Spain?

- that nearly 50,000 English-speaking people buy homes in Spain every year?

- that Spanish is one of the official languages of the Common Market and the United Nations?

3

INTRODUCCIÓN

Can you make a list of all the countries where Spanish
is spoken?
How many can you find?
Where are most of them to be found?
Do you know why?

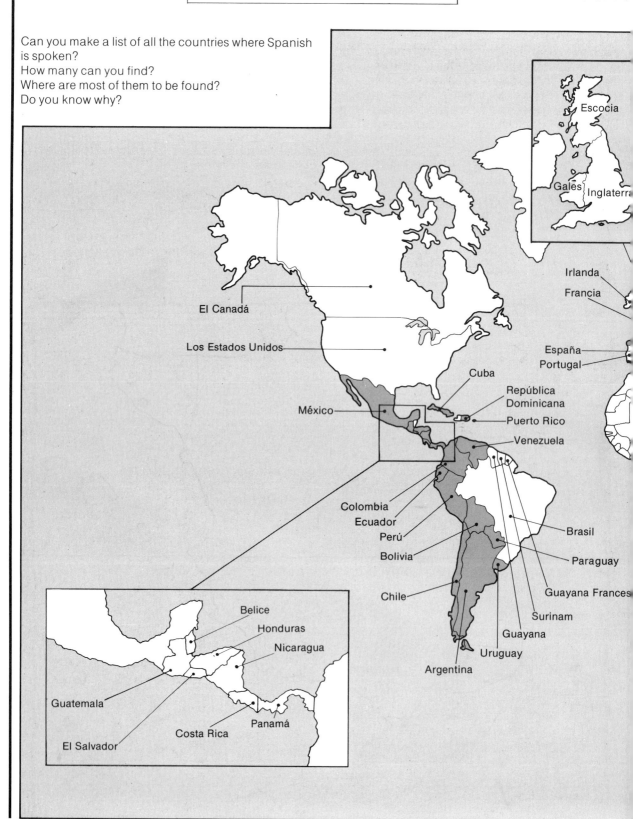

Escocia

Gales Inglaterra

Irlanda
Francia

El Canadá

Los Estados Unidos

España
Portugal

Cuba

República
Dominicana
Puerto Rico

México

Venezuela

Colombia
Ecuador
Perú
Bolivia

Brasil

Paraguay

Chile

Guayana Francesa

Surinam

Guayana

Uruguay

Argentina

Belice
Honduras
Nicaragua

Guatemala

Panamá
Costa Rica

El Salvador

4

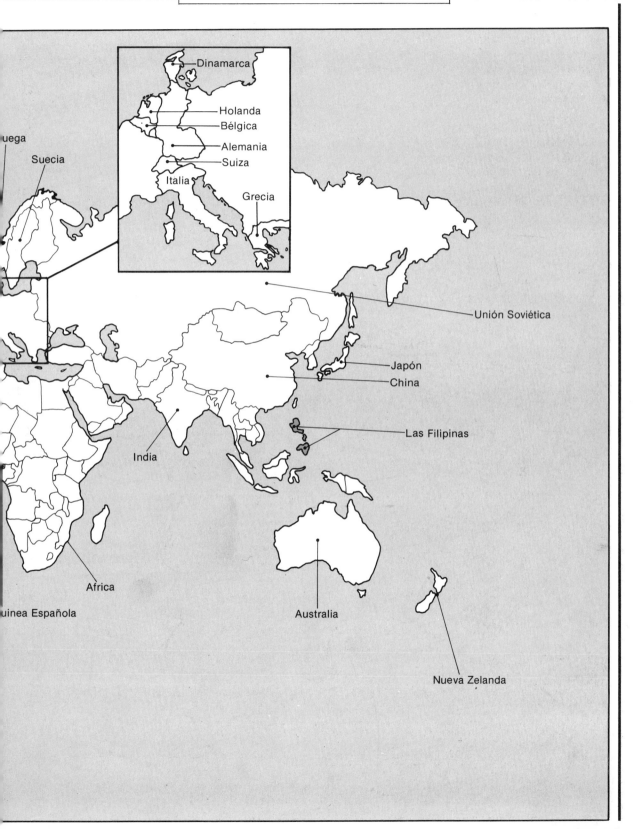

Dinamarca

Holanda
Bélgica
Alemania
Suiza

Italia

Grecia

uega

Suecia

Unión Soviética

Japón
China

Las Filipinas

India

Africa

uinea Española

Australia

Nueva Zelanda

INTRODUCCIÓN

El español es útil

Which firms are advertising jobs in Britain which need a knowledge of Spanish? List as many different types of firms (banks, importers, etc.) as you can that are likely to ask for a knowledge of Spanish.

More and more firms are doing business with Spain and South America. They are looking for people at all levels who speak Spanish both for their offices here and also abroad. Whether it's a good job at home or travel abroad that interests you, you'll get on much better if you speak Spanish.

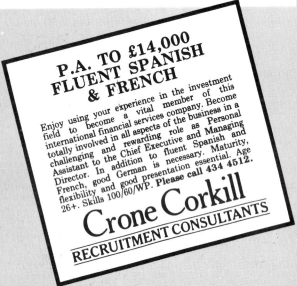

¿Español? ¡Sí!

INTRODUCCIÓN

 ¡Bienvenidos a Málaga!

Málaga, capital de la Costa del Sol y puerto importante.

Málaga, moderna e histórica.
Visita Málaga en las páginas de *¡Vaya!*

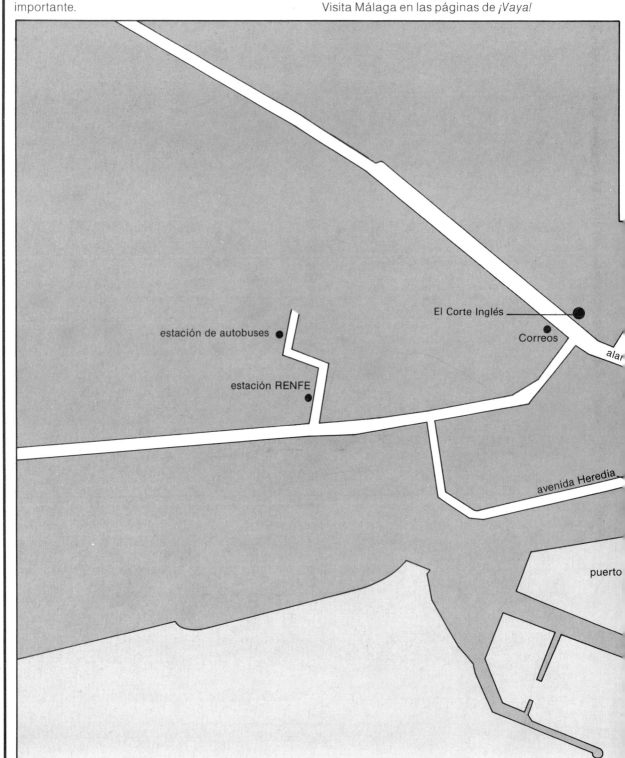

El puerto

Paseo del Parque

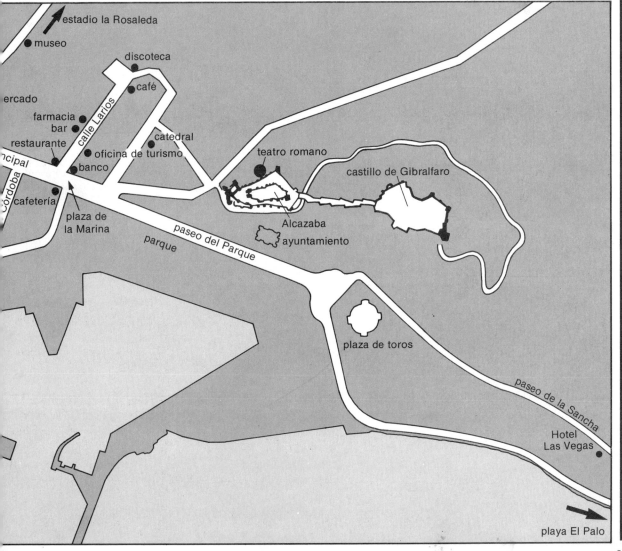

¿Vale? 📼 11 (012)

Here are some of the things you will be able to do when you've finished this book:

Greet and say goodbye to people;

Ask the way and get around on your own – even find somewhere to stay;

Ask for brochures and information at the Tourist Office;

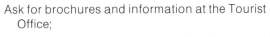

Buy what you want in cafés, restaurants and shops;

Talk to Spaniards of your own age about your home,
   family and pastimes;

Talk about what you like and dislike;
Tell people what you'd like to do in the future;
Make plans to meet someone or go on a trip.

 *¡Hola!* 33 (034)

Look at the pictures and listen to the tape and you will see how easy it is to understand Spanish.

¡Vamos a empezar! Let's start!

¿Dónde está? 50 (051)

> **Here you will learn how to:**
> **ask the way to various places,**
> **understand the directions you are given.**

 ¿Hay un banco por aquí?

First, listen to some Spaniards asking the way to various places, and see if you can say which place each person is asking for.

1 un banco   2 un bar

3 un restaurante   4 una farmacia

5 una oficina de turismo   6 una cafetería

Which place did no one ask for?

This is what some of these people said:

– Perdone, señorita, ¿hay un restaurante por aquí?

– Perdone, señor, ¿hay una cafetería por aquí?

– Perdone, señora, ¿hay una farmacia por aquí?

Learn how to ask these questions. Then put them to your partner, and see if he or she can show you the picture of the place you are asking for.

Practise asking the way to the places below with a partner. Ask for them in any order you like. Your partner must point to the place you ask for to show that he or she has understood.

Ejemplo: 80
– Perdone, señorita, ¿hay un parque por aquí?

1 un hotel   2 una cafetería   3 un banco

4 un parque   5 una discoteca   6 una farmacia

Listen to some Spaniards asking for the same places and point to the place they ask the way to.

 Aquí 78 112

In order to go round Málaga on your own, you'll need to know these words and phrases.

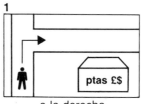
a la derecha

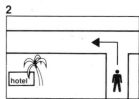
a la izquierda

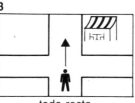
todo recto

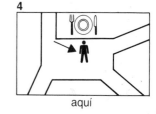
aquí

Would you find your way? Listen to the tape and decide if the statements you hear are true.
With a partner, take turns asking for the four places shown on the sketch maps and giving the correct answers.

13

137 (150)

 Perdone, señor . . .

Listen to the directions that these young people were given. Tell your partner in English where they wanted to go, and how they could get there. Do you agree with each other?

 ¿Sí o no?

Read these dialogues.
1   Decide which photo goes with which dialogue.
2   Decide whether the places are nearby or not.
3   If they are nearby, can you say where they are?

1   – Perdone, señora, ¿hay una discoteca por aquí?
    – Sí, aquí a la derecha hay una.
    – Gracias, adiós.
2   – Perdone, señor, ¿hay un café por aquí?
    – Sí, hay uno aquí a la izquierda.
    – Muchas gracias.
    – De nada, adiós.
3   – Perdone, señorita, ¿hay una farmacia por aquí?
    – Pues no, por aquí no hay.
    – Gracias, adiós.

Act out these dialogues with your partner.

Vamos a visitar Málaga

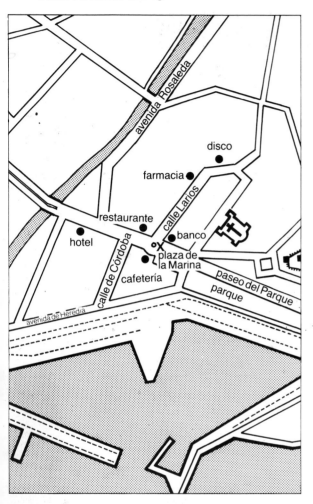

You want to get to some of the places shown here in Málaga. You are standing at **X** with your back to the sea. Work with a partner: take turns asking for the places shown in the drawings and giving directions. Here is an example:

– Perdone, señorita, ¿hay un banco por aquí?
– Sí, aquí a la derecha.
– Muchas gracias, adiós.
– De nada, adiós.

Write a script for two of the dialogues you and your partner have made up.

En la calle

Look carefully at these Spanish street signs and pick out the words meaning *street* or something similar.

Calle is the usual word.
Avenida and **paseo** are used for wider streets.
Plaza is a square.

¿Verdad o mentira?

Work with a partner and decide whether these directions are true or false. One of you makes these statements; the other looks at the map of Málaga on this page to see whether it is correct.

Ejemplo:

– Hay una cafetería en la plaza.
– Sí, es verdad.
– Hay un parque en la plaza.
– No, es mentira.

1 Pues sí, hay un restaurante en la plaza.
2 Bueno . . ., hay una farmacia en la calle Larios.
3 Creo que hay un hotel en el paseo del Parque.
4 Bueno, creo que hay una discoteca en la avenida de Heredia.
5 Pues, hay un banco en la calle Córdoba.
6 Pues sí, hay una cafetería en la plaza de la Marina.

¿Dónde está?  189 (190)

You now know how to find out if the place you want is nearby. To find out exactly where a place is, ask:

¿Dónde está?

Listen to some people asking where these places are.

1 la Oficina de Turismo

2 la estación

3 la playa

4 el Hotel las Vegas

5 el mercado

6 Correos

Por favor . . .

A friend, who doesn't understand Spanish very well, wants to get to the places below. When he or she asks for these places, point them out on the map on pages 8–9, and say:
– Aquí está.

Ejemplo:
– Por favor, ¿dónde está el banco?
– Aquí está. (*pointing*)

Ask for these places:

1 the beach
2 the Tourist Office
3 the station
4 the market
5 the Hotel Las Vegas
6 the Post Office

¿Dónde exactamente? 218

You already know some directions. Here are some more very important phrases. With them you will be able to say exactly where a place is.

cerca de	near to
lejos de	far from / a long way from
al lado de	next to
enfrente de	opposite
al final de	at the end of

¿Cerca o lejos? 245

Listen to the following conversations, identify the place referred to and write down whether it is near or far.

muy cerca — cerca — lejos — muy lejos
2m — 20m — 5km — 20km

En la estación de autobuses

You are at the bus station in Málaga. You want to:

1 get a plan of the town
change some money
have a drink
post a letter

2 buy some aspirins
find the train station
eat at the Miramar restaurant
get to the Hotel Las Vegas

Look back at the plan of Málaga on pages 8–9. Work in pairs, and each choose one of the above lists. Take turns asking for the places you want and giving the directions. Only the one giving the directions must look at the map.

Ejemplo:
– ¿Dónde está la Oficina de Turismo?
– Está en la calle Larios.

Just as you set off from the bus station, you twist your ankle so you can't walk far. With a partner, take turns asking if the places you are going to are near or far and giving a reply. Again, only the person who is answering looks at the map.

Ejemplo:
– ¿Dónde está la Oficina de Turismo?
– Está en la calle Larios.
– ¿Está cerca?
– No, la calle Larios está lejos de aquí.

El Sur

The best known newspaper in Málaga, *El Sur*, has a weekly English edition for the many English speaking people living in the area. These adverts appeared in the Spanish edition. You have been asked to write English versions for the English edition. Can you do this?

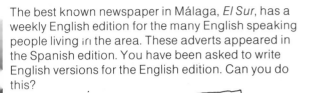

Cafetería Miramar
al lado de la playa

Restaurante Lonja
cerca de la plaza de toros

Disco Roxy
cerca de Correos
★ ★ ★

Hotel Cister
enfrente de la catedral

Piscina Playa Alegre
al final del paseo del Parque

¿Por dónde? 286

Listen to the tape and try to help the man who wants to meet up with his friends at the Hotel Solimar. He is outside the Disco Roxy and asks some people who are coming out. They all seem to disagree with each other as to the best way to go. Only one gives the correct route. Which one? Here are some plans to help you.

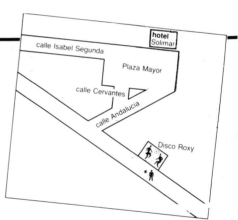

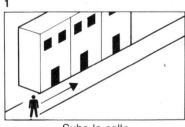
1 Suba la calle

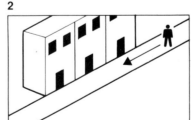
2 Baje la calle

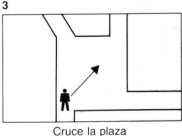
3 Cruce la plaza

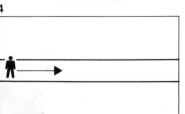
4 Siga todo recto

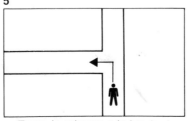
5 Tome la primera a la izquierda

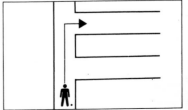
6 Tome la segunda a la derecha

¡Tesoro!

A Spanish newspaper is running a treasure hunt. Four cards, each with the route to a certain amount of money, have been pushed through the door of your holiday apartment.

Over the next four days the directions to various amounts of treasure are published in the paper.

If any one of them describes exactly the route on any of your maps you win the amount of money at the end of the route. Have you won anything? If so, how much?

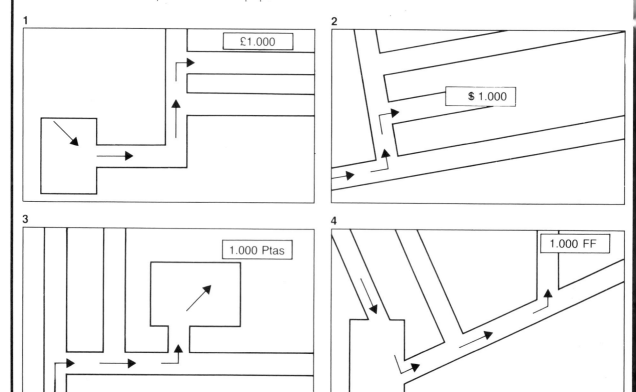

1 £1.000

2 $ 1.000

3 1.000 Ptas

4 1.000 FF

Día 1:	Cruce la plaza, siga todo recto, tome la primera calle a la derecha.
Día 2:	Suba la calle, tome la primera calle a la izquierda y la segunda calle a la derecha.
Día 3:	Siga todo recto, tome la primera calle a la derecha, la segunda calle a la izquierda y cruce la plaza.
Día 4:	Baje la calle, cruce la plaza, suba la calle y tome la primera calle a la izquierda.

¿Por dónde se va?

Here are some more places in Málaga which visitors always want to go to:

la catedral	el castillo
el museo	la estación de autobuses
el puerto	el teatro romano

1

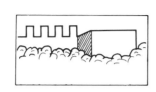

2

3

4

5

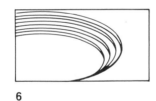

6

Can you match each place to a picture? Write the numbers 1 to 6 and beside them write the Spanish name for that place.

See if you would get to the places you want to visit. Work with a partner. Take turns to ask the way to the places in the pictures and to give the suggested directions.

Ejemplo:

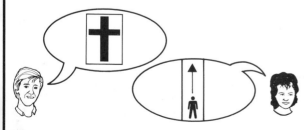

– ¿Por dónde se va a la catedral?
– Siga todo recto.

Now try these:

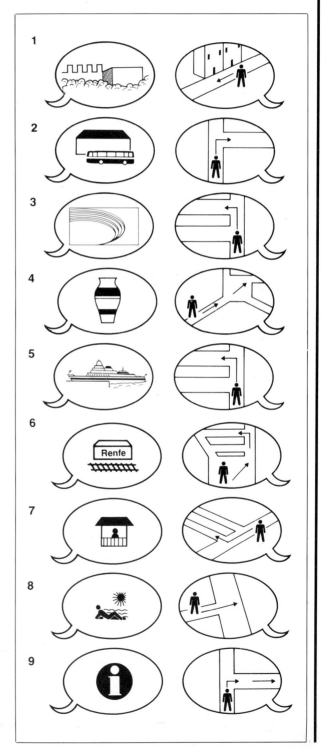

Una visita

A friend of yours is expecting a Spanish visitor who speaks no English. Can you write directions for finding the house to send with this plan?

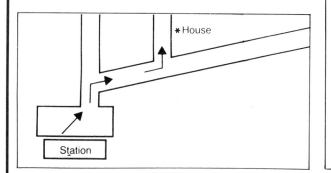

Ejemplo:

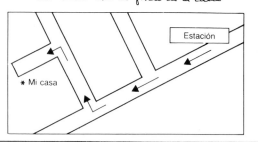

de la estación, baje la calle, luego tome la segunda calle a la derecha, siga todo recto, tome la primera a la izquierda y mi casa está al final de la calle

Ahora la prueba . . .

To prove that you know all this, work with a partner and see if you can do these things.

1 What are these people saying to each other?

Ejemplo:

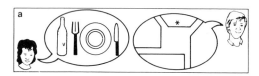

– ¿Hay un restaurante por aquí?
– Sí, en la plaza.

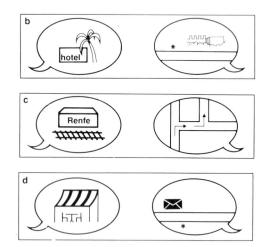

2 Now, make up a dialogue with a partner, using the information below. Take turns at asking for a place from A and answering from B. Do not use the items in the order they are given. Make your partner point to the one you are using to check that he or she understands. This will prove that you are asking clearly.
Try to ask a different question for each of the three groups.
Choose from:
– ¿Hay un café por aquí?
– ¿Dónde está Correos?
– ¿Por dónde se va a la estación?

A	B
bank chemist's disco	on the left straight on on the right
beach Tourist Office Post Office	opposite the station at the end of the street next to the bank
museum castle port	cross the square go up the street take the first street on the right

20

UNIDAD I

Ahora sabes . . .

Now you know . . .

how to ask for places:	¿Hay un banco por aquí? — ¿Dónde está la estación? — ¿Por dónde se va a Correos? —
how to ask if something is near or far:	¿Está cerca? ✗ ¿Está lejos? —
how to give and understand directions:	a la derecha ✗ a la izquierda — todo recto en la calle, en la plaza, en el paseo ✗ cerca lejos delante de — al lado de — enfrente de ✗ al final de ✗ suba la calle — baje la calle ✗ cruce la calle — siga todo recto ✗ tome la primera / la segunda calle —
the names of places about town:	un restaurante ✓una farmacia un banco una cafetería un hotel un paseo un parque una calle una discoteca una avenida ✓un mercado ✓una plaza Correos una Oficina de un museo Turismo un teatro una estación ✓un castillo una playa un puerto una catedral

21

UNIDAD 2

En la Oficina de Turismo

Here you will learn how to:
            ask for maps and leaflets,
            ask about places of interest,
            understand information about places of interest,
            understand opening and closing times and days.

Every Spanish town of any size has a Tourist
Information Office. There you can get free maps and
leaflets for the whole area, and often for other parts of
Spain as well. Here is just a sample
of what you would
be given in the
Oficina de Turismo
in Málaga.

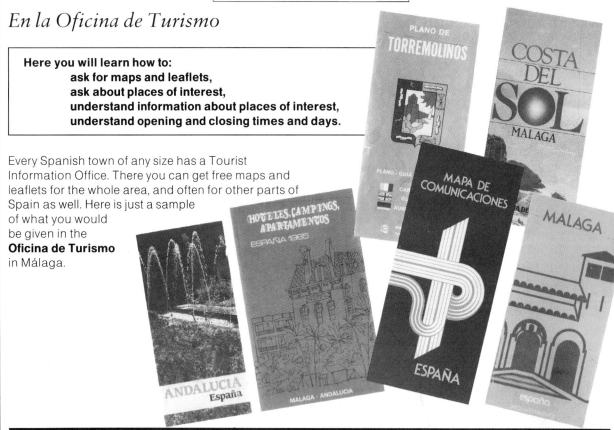

Aquí está la Oficina de Turismo

You can also get lists of hotels, camping sites and
restaurants and find out about all kinds of sport,
entertainment and **fiestas** in the area. So, it's well
worth making the Tourist Office your first stop.

This is where you can find it in Málaga:

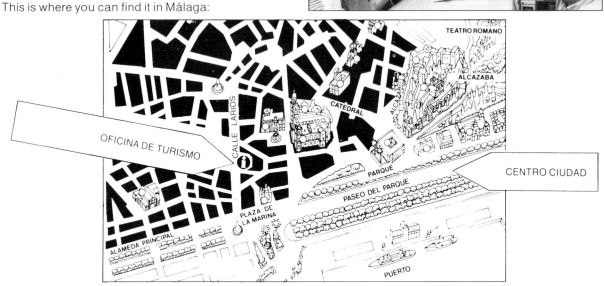

En la Oficina de Malaga 🔲 317

A good way to learn a lot of Spanish is to listen to other people. Listen to these people on the tape. They are asking for items in the Tourist Office in Málaga. What they say will help you when it is your turn. To help you, here are some key words they use:

¿Tiene?	Do you have . . . ?	Dígame	Can I help?
una lista	a list	un mapa	a map
un plano	a plan	(de España)	(of Spain)

Now, with a partner, see if you can ask for:
  a list of hotels
  a map of Spain
  a plan of Málaga

Ejemplo:
  – Buenos días, señor.
  – Buenos días, dígame.
  – ¿Tiene una lista de restaurantes, por favor?
  – Sí. Aquí tiene usted.
  – Gracias. Adiós.

¿Algo más? 🔲 353

A group of you go into the Tourist Office in Málaga. You want copies of all the maps and brochures shown here. Listen to find out which items other members of the group ask for. Be ready to ask for the rest yourself.
Working with a partner, practise asking for what you need. Use this dialogue as an example, replacing the sentence underlined.
  – Buenas tardes, señor.
  – Buenas tardes, ¿qué desea?
  – ¿Tiene un folleto sobre Málaga, por favor?
  – Sí. Aquí tiene.
  – Muchas gracias. Adiós.
  – De nada. Adiós.

Un proyecto sobre la Costa del Sol

For a school project on Málaga and the Costa del Sol you want to collect as many pieces of information as possible from the Tourist Office. First make a list of things to ask for. This chart will help you find as many as possible.

Now you have got your list, practise with a partner. See if you can ask for the items on your list. To help you, here is what the person at the Tourist Office might say. Take turns at being the customer.

– Buenos días, dígame.

– ....

– Sí, aquí tiene usted.

– ....

– De nada, adiós.

un folleto un plano un mapa una lista un horario	de sobre	Málaga La Costa del Sol campings trenes restaurantes Marbella hoteles autobuses Torremolinos

¿Qué hay de interés?

Málaga, like most Spanish towns, is full of interesting places to visit and exciting things to do. Today, Málaga and other towns on the Costa del Sol are best known as holiday resorts with beautiful beaches and lots of entertainment for the tourists. But Málaga was an important port even in Roman times, and the Arabs who ruled Andalucía (the South of Spain) in the Middle Ages made it one of their greatest cities. Carnival time is in March and there are processions at Easter, and fiestas, concerts and sporting events throughout the year.

Here are just some of the places you'll find out about when you ask:

– ¿Qué hay de interés en Málaga?

1 *Castillo de Gibralfaro*
Construido de 1300 a 1350
Horas de visita: todo el día

2 *Alcazaba Construida de 1057 a 1063*
Precio de entrada: 50 pesetas
Horas de visita: 11 a 14
17 a 20 horas

3 *Teatro Romano*
Cerca de la Alcazaba
Hay excavada sólo una parte

4 _Iglesia de Santiago_
Torre medieval

5 _Museo de Artes Populares_
Pasillo de Santa Isabel
Precio de entrada: 30 pesetas

6 _La Catedral_
Declarada monumento nacional
Horas de visita: de 10 a 13 y de 16 a 17.30 horas

7 _Ayuntamiento_
Situado en el Paseo del Parque

8 _Plaza de Toros_
Construida en el año 1874
Capacidad para 14.000 personas

If someone who didn't understand Spanish asked you these questions, could you answer them from the information here?

1 When was the **Gibralfaro** castle built?
2 Which is older, the **Gibralfaro** or the **Alcazaba**?
3 Where is the **ayuntamiento** (Town Hall)?
4 Which building has a medieval tower?
5 Which place has been declared a National Monument?
6 Which place would definitely be open at 18.00?
7 Where is the Roman Theatre?
8 How many people does the bull-ring hold?
9 How much does it cost to get into the **Museo de Artes Populares**?
10 When is the cathedral open?

¡Atención! 📼 396

Listen carefully to several people asking about places of interest in Málaga. Which of the places pictured on pages 24 and 25 are mentioned in each case?

The next two people ask something slightly different. What? These pictures will help you to work out what they were told.

What was not mentioned?

¿Qué hay en Málaga?

Take turns with a partner. Ask about places of interest in Málaga. The partner who answers will mention only three places from the list each time.

el puerto	el parque
el ayuntamiento	museos
la catedral	piscinas
la iglesia	discotecas
la Alcazaba	el teatro romano
el castillo	

Ejemplo:
- Buenos días.
- Buenos días.
- ¿Qué hay de interés en Málaga?
- Pues, hay el puerto, la Alcazaba y museos.
- Muchas gracias.
- De nada, adiós.

¿Abierto? ¿Cerrado?

Leaflets from the Tourist Office usually give the opening and closing times of places of interest. If you read them carefully you should not arrive anywhere at 2 o'clock to find a sign like one of these on the door:

Cerrado de 1 a 4

Abierto de 10 a 1 y de 4 a 7

abierto	open
cerrado	closed
la mañana	the morning
la tarde	the afternoon

Museo de artes populares
Abierto
10 a 13.30
16 a 19
Cerrado domingo tarde

Alcazaba
Abierto 11 a 14 y 17 a 20

Ayuntamiento
Abierto de 9 a 14
Tarde: Cerrado

Aquapark
Abierto desde las 10 de la mañana

Jardines
abierto 9 a 17
cerrado domingos

Cuevas de Nerja
Abierto 9 a 21
sin interrupción

Panadería
Cerrado por la tarde

1 When is the **Alcazaba** open?
2 What time does the **Aquapark** open?
3 Does the museum close at midday?
4 Which two places are closed in the afternoon?
5 Find two places that you could visit at 9 a.m.
6 Find three places which don't close for lunch.

¿A qué hora? 424

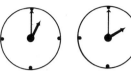

| **la una** | **las dos** | **las tres** | **las cuatro** | **las cinco** | **las seis** | **las siete** | **las ocho** |

You need to know Spanish numbers to 12, at least, to understand when people tell you the time.

1	uno (una)	5	cinco	9	nueve
2	dos	6	seis	10	diez
3	tres	7	siete	11	once
4	cuatro	8	ocho	12	doce

| **las nueve** | **las diez** | **las once** | **las doce** | **las doce y media** |

¿A qué hora se abre? 424

Listen to some people asking about opening and closing times. Choose any three times from those below. With a partner, see which of you wins by hearing your three choices first. When you finish, call –¡Ya!

1	5	6.30
4.30	10	9
8	1.30	2

Now you can practise these dialogues with a partner:

– Buenos días, señora.
– Buenos días.
– ¿A qué hora se abre el museo, por favor?
– A las diez.
– Gracias.
– De nada. Adiós.

– Buenos días, señor.
– Buenos días.
– ¿A qué hora se cierra el castillo por la tarde, por favor?
– A las dos y media.
– Gracias.
– De nada. Adiós.

¿Qué día?

In the window of the travel agent you see this poster advertising various excursions. You know that the bullfight is on Sunday. What can you do on the other days? See how much you can work out.

lunes	Excursión a Sevilla
martes	Visita a Gibraltar
miércoles	Visita con guía de la Catedral
jueves	Málaga de noche
viernes	Una noche de Flamenco
sábado	Excursión a Córdoba
domingo	Corrida de Toros

How would you fill in your diary for this week? You might like to go on some of these excursions, or perhaps there are some other towns you would like to visit, or other places of interest in Málaga.

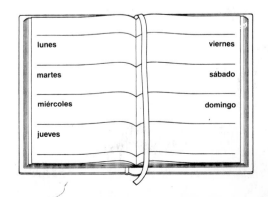

¿Se cierra los lunes?

Read these advertisements carefully and then say whether these statements are true or false.

1. The safari park is closed on Mondays.
2. The cafetería is open on Sundays.
3. The Windsor Dance Hall is open on Mondays.
4. The restaurant is closed at weekends.
5. The gardens are closed on Saturdays.
6. The museum is open on Sunday morning.
7. The Aquapark is closed one day a week.

★ Aquapark ★
Abrimos domingos y festivos

RESTAURANTE BARBALOS
Cerrado sábado y domingo

Jardines: 'FINCA'

Cerrado domingos

Sala de fiestas: WINDSOR
Lunes cerrado

MUSEO

Cerrado domingo
tarde y lunes

SAFARI

Lunes cerrado

Cafetería Oasis

Cerramos los sábados
por la tarde

Ahora la prueba . . .

To show that you know all this:

1. Work with a partner and ask for as many brochures or maps as possible.

2. Think of a town, either real or imaginary, and make a list of six places that you would like to visit there. Work with a partner and take turns to ask what there is of interest in his or her town. Tick off any places on your list that are mentioned, and note down any other places on your partner's list.

3. Still working in pairs: choose three places from your list and write down opening and closing times next to them. Take turns to ask your partner what there is of interest in his or her town and what the opening time of each of the three places is. When you have finished, check with your partner that you have noted the information correctly.

Ahora sabes . . .

Now you know . . .

how to ask
    for something:
    about places of interest:
    about opening/closing times and days:
	¿Tiene un plano de Málaga?
	¿Qué hay de interés en Málaga?
	¿A qué hora { se abre?
	se cierra?

how to read
    simple titles of brochures:
    simple facts in brochures:
    opening/closing details:
	un folleto sobre Málaga
	horas de visita de 10 a 1
	cerrado de { 1 a 4
	los lunes

the names of more places and items from the Tourist Office: some means of transport:	un plano una lista un mapa } de un horario un folleto sobre un autobús un tren
the names of more places about town:	el ayuntamiento la iglesia la piscina
times of opening and closing, numbers 1 to 12:	la una, las dos, las tres las cuatro, las cinco, las seis, las siete, las ocho, las nueve, las diez, las once, las doce y media.
days of the week:	lunes martes miércoles jueves viernes sábado domingo

En contacto

> **Here you will learn how to:**
> **buy postcards and stamps,**
> **send a card or letter,**
> **make a phonecall home.**

 En el estanco ~~466~~ 439

Part of the fun of being on holiday is sending postcards to friends back home.

The best place to go for your cards is an **estanco**, a special shop which sells not only stamps and postcards, but also cigarettes.

una tarjeta postal

Having a lovely time,
Swimming, sunbathing
and exploring
Málaga. I've
bought a sombrero
for Dean.
Love, Phil x

Sandi Philipps
10, Tor Close
Birmingham
B16 3JT
INGLATERRA

sellos de España

1 Which of the postcards did the person in the photo want?
2 What else did she ask for?

 ¡Escuchad! 446 (471)

What do each of the people on the tape want?

postales de Málaga

un estanco

 ¿Para dónde?

Like the people on the tape, you will need stamps as well as cards. The easiest way to ask, as they did, is to tell the person behind the counter which country the stamp is for.

Ejemplo:
– Buenos días, señorita.
– Buenos días. ¿Qué desea?
– ¿Tiene una postal de la playa?
– Sí, aquí hay una. ¿Algo más?
– Sí, un sello para Inglaterra, por favor.
– Tenga.
– Gracias.

Use this dialogue as a model. Work with a partner and take turns asking for a postcard and a stamp, changing the words which are underlined. Ask for a card of a place from list 1 and a stamp for a country from list 2. Look back at the map of the world on pages 4–5. The person being asked must point on the map to the country mentioned.

List 1
la playa
la catedral
el puerto
el castillo
el teatro romano
el paseo del Parque

List 2
Escocia   Francia
Inglaterra   El Portugal
Irlanda
Los Estados Unidos
Gales
El Canadá

UNIDAD 3

Postales para todos

Make a list of people you would want to send cards to when you are on holiday. (Remember penfriends and relatives abroad!) Decide which of these cards each of them would like best. Ask for a suitable card and a stamp for the country where each person lives.

Work with a partner and take turns being the person working in the **estanco**. Here is what that person would say:

– Buenas tardes ¿qué desea?
– ¿ ....?
– Sí, aquí tiene una. ¿Algo más?
– ¿ ....?
– Tenga.
– ....
– De nada.

If you are the person asking for the card and stamps you must decide what to say in the blank spaces.

El dinero español

La unidad de moneda en España se llama la peseta. Hay monedas de 1, 5, 25, 50, y 100 pesetas y billetes de 200, 500, 1.000, 2.000 y 5.000 pesetas. La imagen del rey Juan Carlos está en las monedas.

1   What is the Spanish unit of money called?
2   What value of coins are there in Spain?
3   What value of bank notes are there in Spain?
4   Whose picture is on all the coins?

billetes españoles

Los números

20	veinte	55	cincuenta y cinco
25	veinticinco	60	sesenta
30	treinta	70	setenta
35	treinta y cinco	80	ochenta
40	cuarenta	90	noventa
45	cuarenta y cinco	100	cien / ciento
50	cincuenta	1000	mil

¿Cuánto es? 475 (500)

Here are various amounts of Spanish money. Write down the numbers 1 to 6 in your exercise book. As you hear an amount mentioned on the tape put the letter of the amount you hear.

Ejemplo:
– Número uno: Son cincuenta pesetas. *You write B.*

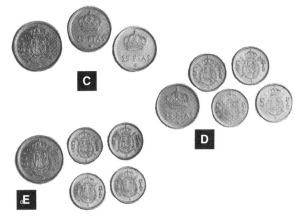

¿Cuánto y adónde? 508

Can you find out where the people on the tape are sending postcards to, and how much it costs?

En total

Tarifas Postales		
Europa	**América**	**Asia y Australia**
45	70	80

Postales 15ptas

Work with a partner. One of you (A) asks for the correct cards and stamps. The other one (B) must work out and give the price.

Ejemplo:
A – Buenos días.
B – Buenos días, ¿qué quiere?
A – Dos postales y dos sellos de setenta pesetas, por favor.
B – Aquí tiene.
A – ¿Cuánto es?
B – En total son ciento setenta pesetas.
A – Aquí tiene.
B – Gracias. Adiós.

Now try with these:

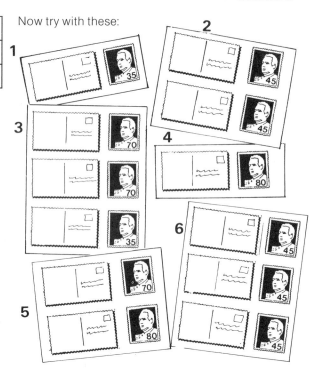

Check each other's maths, and keep practising until you can each ask for everything and get all the amounts correct in less than three minutes.

 ¿Hay un buzón por aquí?

To post your cards you will need to go to **Correos** or find a postbox nearby. On this plan **X** shows the position of all the postboxes in the town. The numbers 1 to 6 show places you might be when you ask someone:
– ¿Hay un buzón por aquí?
Decide what reply you would get in each case.

Ejemplo:

If you were at point number 1 the best reply would be:
– Sí, hay uno enfrente del museo, en la calle Madrid.

HORAS DE RECOGIDA	
MAÑANA	
A las	9.30
TARDE	
A las	16.15
A las	18.30
Domingos	14.00

un buzón en una esquina

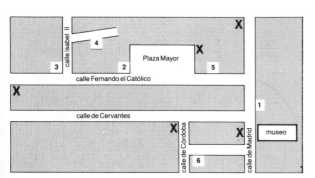

 ¿A qué hora?

You will want your cards to get to their destination as quickly as possible.
1 You arrive at 1 p.m. When is the next collection?
2 It is 8.30 p.m. Are you too late for the last collection?
3 When is the first collection?
4 Today is a Sunday. Is there a collection?

¡A Correos!

If there is no post box nearby you'll have to go to **Correos**.

There your only problem will be deciding which **buzón** to use.
Which **buzón** would each of these cards or letters be posted into?
Can you work out the meaning of **extranjero**?

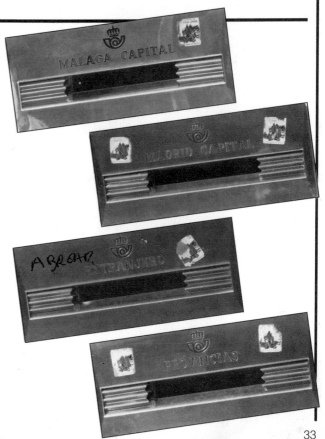

¡Al teléfono!

You may need to phone home while you are in Spain. It's much cheaper to phone from a phone box than from a hotel, and it's very easy.

1 Which word tells you that you can phone foreign countries from this phone?
2 **Urbano** is the Spanish way of saying *local call*. What do you think **interurbano** would be in English?

The coins go on a ramp at the very top of the phone. They only drop down when someone answers at the other end.

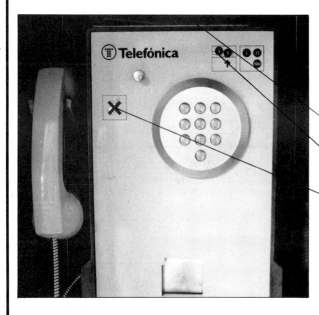

COLOQUE AQUI LAS MONEDAS

UTILICE MONEDAS DE 5PTS, 25PTS Y 100PTS

NO PULSE EL BOTON MAS QUE POR INDICACION DE LA OPERADORA

1 Which coins do you need to make a call?
2 Which coins can you *not* use?
3 You are *not* going through the operator. What must you *not* do?

 Por si acaso

Llamadas internacionales
1 Marque el 07.
2 Marque el indicativo del país.
3 Marque el indicativo de la ciudad.
4 Si el número nacional empieza por 0, debe omitirse.

In the tourist areas of Spain most phones have instructions in various languages. Just in case there is not an English translation, here is how to ring someone in London whose number is 01-730 4004:

Indicativos internacionales
Australia 61
Gran Bretaña 44
Canadá 1
Estados Unidos 1

1	2	3	4
Internacional	País	Ciudad (menos 0)	Número personal
07	44	1	730 4004

Ahora la prueba

To show that you can do all these things, help your friend in the following ways:

1 Your friend wants postcards of:

the beach	the paseo del Parque
the port	the Gibralfaro castle
Torremolinos	

Your friend also needs stamps for England, the USA, Australia, Canada and Madrid. Could you tell him or her what to ask.

2 Your friend wants to take the cards to the Post Office. Make a list of the countries or towns he or she wants stamps for. Beside each one write what it will say on the post box he or she will need.

3 Your friend needs to phone home. Say what the most important parts of the Spanish instructions for dialling mean so that he or she will know what to do. Write down the instructions as well.

Ahora sabes . . .

Now you know . . .

how to buy postcards and stamps:	¿Tiene { una postal / un sello } por favor?
the names of some countries:	Inglaterra Los Estados Unidos Irlanda El Canadá Gales Australia Escocia
how to ask and understand some prices:	¿Cuánto es? Cuarenta y cinco pesetas
numbers 20 to 100 and 1000:	veinte setenta treinta ochenta cuarenta noventa cincuenta cien/ciento sesenta mil
about Spanish money:	una peseta una moneda un billete
where and how to post a letter:	¿Hay un buzón por aquí? la recogida extranjero
how to make an automatic phone call:	teléfono internacional Marque el número . . .

En el café

 ### Cafés and cafeterías

Hay cafés económicos,

PERRITOS
CALIENTES
SANDWICHS
HAMBURGUESAS

frankfurt   150

hamburguesa   115

calamares   queso   170

y hay cafeterías más elegantes.

Cafetería Nebraska

1 Would you choose a **café** or a **cafetería** if you
  wanted to sit comfortably?
2 Which would have a better selection of snacks?
3 Make a list of all the drinks and snacks on these
  signs that you can already understand.

 ### Para beber

You and your family are in this **cafetería**.
Choose suitable drinks for:
  your mother
  your father
  your little sister
  your grandmother
  yourself

Try to order something different for each person.

Café solo	60
Café con leche	65
Té con leche	60
Té con limón	65
Fanta de limón	70
Fanta de naranja	70
Coca Cola	70
Vino tinto/blanco	45
Cerveza	55
Coñac	75
Ron	75
Agua mineral	60

¡Oiga! Side 2/000

¿Qué quiere?	What do you want?
Quiero una cerveza.	I want a beer.
¿Tiene limonada?	Do you have lemonade?
¿Hay limonada?	
(la) leche	milk
(la) naranjada	orangeade
(el) vino blanco	white wine
(el) vino tinto	red wine
(la) botella de cerveza	bottle of beer
(la) caña de cerveza	glass of beer
¿Algo más?	Anything else?
No, nada más.	No, nothing more.
en seguida	straight away

Listen to the people in the **Café Central**. Look at this list and decide what each of them wants.

- 3 a) a beer and red wine
- 1 b) two white coffees and a Coca Cola
- 2 c) a tea with milk and an orangeade
- 4 d) a beer, a bottle of white wine and a black coffee
- 5 e) a white coffee and two teas

¡Diga!

Look at the list of drinks on the opposite page. Choose six that you would like. Work with a partner and use the conversation below as a model to ask for the drinks you have chosen. Put your choice of drinks in place of those underlined. Take turns at playing the part of the customer and the waiter or waitress.

el / la cliente	the customer
el camarero	the waiter
la camarera	the waitress

Cliente:	– ¡Oiga, señorita!
Camarero/a:	– Sí, diga, ¿qué quiere?
Cliente:	– Quiero un café con leche, por favor.
Camarero/a:	– Lo siento señor. No hay leche. ¿Quiere café solo?
Cliente:	– No. Tiene Fanta de limón?
Camarero/a:	– Sí, señor, ¿algo más?
Cliente:	– No gracias, nada más.
Camarero/a:	– Muy bien, señor.

¿Una botella o un vaso?

una botella de cerveza · una taza de té · una copa de coñac · un vaso de agua mineral

Quiero . . .

Take turns with a partner to ask for the correct amount of the drinks shown in the pictures below. Remember to say please and thank you.

Ejemplo:

Cliente: – ¡Oiga, camarero!
Camarero: – Dígame, ¿qué quiere?
Cliente: – Quiero un <u>vaso de vino tinto</u>, por favor.
Camarero: – Muy bien, señorita. ¿Algo más?
Cliente: – No, nada más. Gracias.

Una ración de algo

una selección de tapas

churros

un bocadillo

When you visit a Spanish café, try **churros** (a type of long fritter) with your coffee or hot chocolate, a **bocadillo** (a French bread sandwich), or a portion of the delicious small snacks called **tapas** which are found in most cafés and bars.

PERRITO CALIENTE	hot dog	100.-
MONTADO DE LOMO	pork	100.-
ALBONDIGAS	meat balls	65.-
BOCADITO DE MERLUZA	hake	80.-
QUESO EN ACEITE	oil	80.-
TORTILLA ESPAÑOLA		65.-
CROQUETAS		65.-
HAMBURGUESA		110.-
PLATO SALCHICHON VICH.		120.-
I.V.A. INCLUIDO		

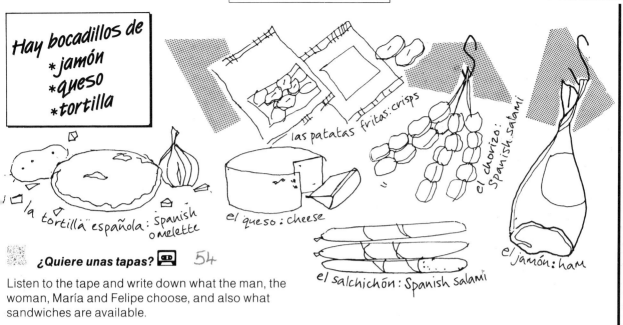

Hay bocadillos de
* jamón
* queso
* tortilla

la tortilla española: Spanish omelette

el queso: cheese

las patatas fritas: crisps

el chorizo: Spanish salami

el jamón: ham

el salchichón: Spanish salami

¿Quiere unas tapas? 54

Listen to the tape and write down what the man, the woman, María and Felipe choose, and also what sandwiches are available.

En la cafetería

Cafeterías offer an even wider range of snacks and quick meals than cafés. From these signs in a Spanish cafetería, list as many snacks as you can in English.

A popular quick meal in Spain is a selection of different foods all together on one plate (a set meal).

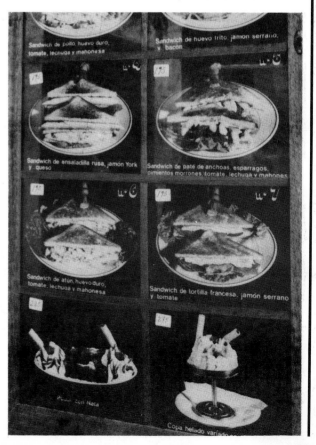

Sandwich de pollo, huevo duro, tomate, lechuga y mahonesa

Sandwich de huevo frito, jamón serrano, y bacon

Sandwich de ensaladilla rusa, jamón York y queso

Sandwich de paté de anchoas, esparragos, pimientos morrones, tomate, lechuga y mahonesa

Sandwich de atún, huevo duro, tomate, lechuga y mahonesa

Sandwich de tortilla francesa, jamón serrano y tomate

Hamburguesa, patatas fritas, tomate y lechuga

Sandwich de jamón York, queso, bacon, tomate, lechuga y mahonesa

Brocheta de Solomillo

platos combinados

What would you choose if you wanted something sweet? What choice have you got?

¿Qué quiere?

| | Sandwich | | Hot | Burgers | Lots | Sweet |
	Cheese	Ham	Dog		to eat	tooth
Tracey	✓	✗	✗	✗	✗	✓
Mark	✗	✗	✗	✗	✓	✓
Sharon	✗	✓	✗	✓	✗	✗
Pete	✓	✗	✓	✗	✗	✗
Me	?	?	?	?	?	?

You are in Spain with a group of friends who don't speak Spanish. In the cafeteria you will have to order for everyone. You have noted down what everyone likes and dislikes. Choose two items which each person will like from this list. Also choose two items for yourself.

Work with a partner who is the waiter or waitress. Order for everyone by mentioning suitable foods in the first two gaps in this conversation, and the correct price in the last gap.

Camarero/a: – Buenos días. ¿Qué quiere?
Tú: – Bueno, para mis amigos y amigas ....
Camarero/a: – Y ¿para usted?
Tú: – Ah sí, para mí ....
Camarero/a: – Muy bien. Son .... ¿verdad?

platos combinados	300 ptas.	hamburguesa	170 ptas.
sandwich de jamón	180 ptas.	helado de vainilla	120 ptas.
sandwich de queso	150 ptas.	helado de fresa	130 ptas.
perrito caliente	160 ptas.	helado de chocolate	130 ptas.

 La cuenta, por favor 82

– ¡Oiga, camarera!
– Sí, diga, señora.
– La cuenta, por favor.
– Sí, en seguida, señora.

Listen to these people who now want to pay. Find out how they ask for the bill.
Now listen to find out how much the people on the tape paid. Work out from this price list what they had.

café solo	60
café con leche	65
Coca Cola	75
cerveza	45
vino tinto	40
coñac	70
bocadillos	150

 ¿Cuánto es?

It's always a good idea to check a bill and tell the waiter if there is a mistake. Learning numbers such as these will be a help.

100 ptas.	cien pesetas
110 ptas.	ciento diez pesetas
120 ptas.	ciento veinte pesetas
180 ptas.	ciento ochenta pesetas
200 ptas.	doscientas pesetas
250 ptas.	doscientas cincuenta pesetas
300 ptas.	trescientas pesetas
340 ptas.	trescientas cuarenta pesetas
400 ptas.	cuatrocientas pesetas
470 ptas.	cuatrocientas setenta pesetas
500 ptas.	**quinientas** pesetas
560 ptas.	**quinientas** sesenta pesetas
600 ptas.	seiscientas pesetas
690 ptas.	seiscientas noventa pesetas
700 ptas.	**sete**cientas pesetas
730 ptas.	**sete**cientas treinta pesetas
800 ptas.	ochocientas pesetas
900 ptas.	**nove**cientas pesetas
1000 ptas.	mil pesetas

115

¿Verdad o mentira?  150

The people you will hear on the tape have been given these bills. In each case decide whether the waiter or waitress gives the same amounts as are written on the bill and whether they have been added up correctly.

1

2 Coca Colas	120	
2 cafés con leche	130	
	250	

2

3 cervezas	135	
1 bocadillo	140	
	315	

3

perrito	140	
2 bocadillos	300	
1 botella de vino	210	
	650	

4

sandwich queso	160	
hamburguesa	140	
2 cervezas	90	
1 botella tinto	220	
	710	

5

platos combinados	315	
cerveza	55	
café	65	
2 coñacs	130	
	560	

¿Hay un error?

If you spot a mistake, point it out!

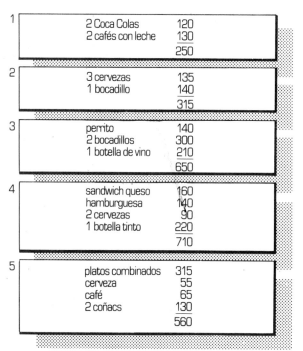

2 cafés	130
Coca Cola	60
	180

Ejemplo:

Camarera: – Dos cafés son ciento treinta y una Coca Cola sesenta pesetas. Son ciento ochenta en total, ¿verdad?

Cliente: – ¿No hay un error? ¿No son ciento noventa?

Camarera: – Ah sí, de acuerdo. Gracias.

If it is correct, agree:

café	65
2 cervezas	110
	175

Ejemplo:

Camarero: – Un café, sesenta y cinco, y dos cervezas, ciento diez. Son ciento setenta y cinco, ¿verdad?

Cliente: – De acuerdo. Aquí tiene.

Camarero: – Gracias.

Practise this with the bills on this page. Work with a partner. Take turns at being the customer and waiter or waitress.

Ahora la prueba . . .

To show that you know all this . . .

1 Work in pairs. One partner asks for as many drinks as possible.

Ejemplo:
– Quiero un café con leche.
  ¿Tiene . . .?
Then the other partner asks for as many snacks as possible.

Ejemplo:
– ¿Tiene un bocadillo de queso?
  Quiero . . . .

2 Take turns to ask your partner:
– ¿Qué quieres?
Your partner must answer:
– Quiero . . .
and then give a list of four drinks and snacks.

Write down what you hear. Read it back to your partner to check that you got it right.

3 Again work with a partner. Each write down five numbers between 100 and 1000. Take turns at being the waiter or waitress, and using these numbers for the bill. Write down the number you hear and check that you got it right.

Ejemplo:
– ¡Oiga, camarero!
– Sí, dígame.
– La cuenta, por favor.
– Son quinientas treinta pesetas, por favor.
– Gracias.

Ahora sabes . . .

Now you know . . .

how to call the waiter or waitress:	¡Oiga, camarero! Señorita, por favor.
how to order a drink:	Un café, por favor. Quiero un té con leche, por favor. Quiero { una taza de café, un vaso de agua, una botella de agua, una copa de coñac, } por favor.

how to ask
  if they have a snack:
 	
  for the bill:
	¿Tiene un bocadillo de jamón, por favor?
	
	La cuenta, por favor.

numbers from 100 to 1000 for prices:	cien quinientas ciento diez seiscientas doscientas setecientas trescientas ochocientas } pesetas cuatrocientas novecientas mil
the names of several drinks:	el café la leche el té la limonada el coñac la naranjada el vino la Coca Cola el vino tinto el agua mineral el vino blanco

the names of several snacks and foods:	el bocadillo el salchichón
	el sandwich la hamburguesa
	el perrito caliente la tortilla
	el chorizo el jamón
	el queso los churros
	                { chocolate
	el helado de vainilla
	                fresa

UNIDAD 5

En autobús

Here you will learn how to:
    ask about and understand information
        on bus routes,
    buy a bus ticket.

Look at the bus map. If you can answer these questions, you will have no trouble using the buses in Spain.

1 Which bus or minibus goes to the Gibralfaro?
2 Where does it leave from?
3 Which bus goes to the La Rosaleda stadium from the city centre?

– Buenos días, señor.
– Buenos días, ¿qué quiere usted?
– ¿Tiene un plano de líneas de autobuses, por favor?
– Sí, aquí tiene.
– Gracias, adiós.

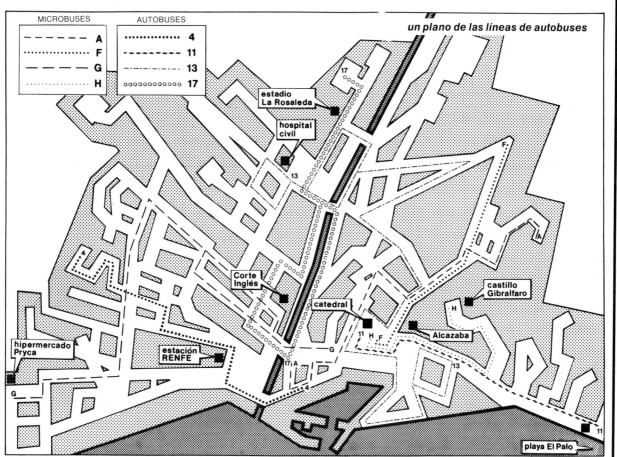

un plano de las líneas de autobuses

MICROBUSES
– – – – – – – A
·············· F
— — — — — G
·············· H

AUTOBUSES
··············· 4
∼∼∼∼∼∼∼ 11
·–·–·–·–·– 13
ooooooooooo 17

estadio La Rosaleda
hospital civil
Corte Inglés
catedral
castillo Gibralfaro
Alcazaba
hipermercado Pryca
estación RENFE
playa El Palo

4 Which bus would you catch to go to the hospital?
5 Which route goes closest to the railway station?
6 Which routes go past the Alcazaba?
7 If you are on the beach at El Palo, which bus will take you back to the city centre?
8 Which route is best if you want to go shopping outside the city centre?

¿Dónde se coge? 205

If you haven't got a plan you can ask a passer-by where to catch a bus. To see if you would understand, listen to the people on the tape, and write down:
1 where each person is going,
2 where each person must catch the bus,
3 the number or letter of the bus.

43

¡Tú ahora!

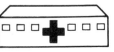

el hospital

el estadio

el hipermercado
Pryca

el Gibralfaro

la playa

These are the places where the people on the tape wanted to go. Work with a partner and take turns at asking about the buses to these places for yourself.

When it is your turn to give the answers, remember that you wrote them down when you listened, but now they are in a different order!

Usa este diálogo como ejemplo:

– Perdone, señorita.
– ¿Sí?
– ¿Dónde se coge el autobús <u>a la estación</u>, por favor?
– En la calle Colón.
– Y ¿qué número es, por favor?
– Es el <u>cuatro</u>.
– Muchas gracias.
– De nada. Adiós.

Just change the words that are underlined.

En la parada

una parada de autobús en Málaga

Signs on Spanish bus stops show the number and main places on the route. From this one can you also find:
1 the time of the first bus?
2 the time of the last bus?
3 the price of a ticket?
4 how often the buses on this route run?

¿Por dónde pasa?

Ask someone if you still aren't sure where a bus goes or what its route is.

Work in pairs, using the two lists below. Choose one place from each list. Ask your partner whether the bus goes to the place from list 1, and whether it passes the place from list 2.

List 1	List 2
el puerto	la plaza de la Marina
el Corte Inglés	la avenida de la Alameda
la catedral	el ayuntamiento
la playa	la plaza de toros
el estadio	la avenida de la Rosaleda
el ayuntamiento	el paseo del Parque
la estación	el puerto

Ejemplo:

– Por favor, señor, ¿este autobús va <u>a la catedral</u>?
– Sí, señorita.
– ¿Y pasa por <u>el paseo del Parque</u>?
– Sí.
– Muchas gracias.
– De nada, adiós.

¡Hay problema! 📼 *245*

The people on this tape are not at the right bus stop at first. Write down:
1 which bus they are told to catch,
2 where they are told to catch it.
Then you will know whether you would understand similar instructions.

Comprando un billete 📼 *281*

Listen to people getting on the bus in Málaga. Note down:
1 what they say,
2 how much they have to pay.

¡Te toca a ti!

On Spanish buses the fare is the same for all journeys. How much is it in Málaga according to the sign on the opposite page? Take turns with a partner and ask for one, two or three tickets to five different places in Málaga. The one who is the driver must give the cost.

Usa este diálogo como ejemplo:
– ¿Este autobús va al Puerto, por favor?
– Sí. ¿Cuántos billetes quiere?
– Tres.
– Son ciento cincuenta pesetas.

Pagando menos

Here you have two ways of travelling more cheaply on a Spanish bus.
1 Can you work out what a **billete sencillo** is?
2 What do you think a **billete de ida y vuelta** is?
3 Has your town got a scheme like the **bonobús**? If so, what is it called?
4 How much is the **bonobús** card according to the sign on the machine?

Tarifas a Torremolinos	
Billete Sencillo	150
Ida y Vuelta	250
Aeropuerto Sencillo	100
Ida y Vuelta	180

¡Muy útil!
It's useful to remember that you will save money if you:
buy a **bonobús** beforehand if you plan to make several journeys.
Or get a return ticket whenever possible.

¿Ida y vuelta? 📼 *307*

Note down:
1 where each person on the tape is going,
2 the type of ticket they want,
3 the cost.

45

Hay que bajar 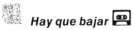 332

Listen to where the people on the tape want to go and must get off.
Often, just before their stop, people will call:
– La próxima, por favor.
This should help you to guess numbers 4 and 5.

Ahora la prueba . . .

To prove you know all this . . .
Start to build up an information pack for Spanish-speaking visitors to your town or area. Begin with a map of local bus routes.

1 See if you could help a visiting Mexican. Take turns to play the part of a Mexican, asking questions about local bus services. If you don't know the answer, ask someone to help you.
   – ¿El número once va a Correos?
   – ¿Qué autobús pasa por la calle Mayor?
   – ¿Qué autobús hay que coger para ir al estadio de fútbol?
   – ¿Dónde hay que bajar para ir al ayuntamiento?
   – ¿Cuánto es un billete sencillo al centro de la ciudad?

The person answering must be as helpful as possible, and not just answer **Sí** or **No**.

¿Dónde?

These phrases are often used to answer the question:
– ¿Dónde hay que bajar?

en la próxima parada	at the next stop
al final de la línea	at the end of the line
en la esquina	on the corner

Ejemplo:
– ¿Dónde hay que bajar para el ayuntamiento?
– En la próxima, señora.

You may also hear phrases you know from previous units:

Ejemplo:
– Para ir al Banco de España ¿dónde hay que bajar?
– Enfrente de Correos, señor.

Spanish visitors to your town may ask you which is their stop. Work with a partner. Each of you chooses five places in your town or area which a visitor might go to. Then take turns at being the Spanish visitor and answering the questions about where the bus goes, and the best stop to get off at.

Aquí hay un diálogo como ejemplo:

Visitante: – Por favor, ¿este autobús va a la piscina?
Tú: – Sí.
Visitante: – ¿Y dónde hay que bajar?
Tú: – En la esquina de High Street.
Visitante: – Gracias.
Tú: – De nada. Adiós.

Ejemplo:
– ¿El número once va a Correos?
– No, el veintitrés va allí.

2 Act out this dialogue with a friend. Take turns at being the passenger and the bus driver. The passenger starts by deciding where to go, then:
   – ¿ .... ? (*Ask whether the bus goes to the place you want.*)
   – Sí. ¿Ida sólo, o ida y vuelta?
   – .... (*Decide whether you want a single or a return.*)
   – Son cien pesetas.
   – ¿ .... ? (*Ask where to get off.*)
   – En la esquina de la Plaza Mayor.

When you have practised and are sure you have got it right, write down your dialogue in your exercise book.

Ahora sabes . . .

Now you know . . .

how to ask for a map of bus routes:	¿Tiene un plano de líneas de autobuses?
where a bus is going:	¿Este autobús va a Correos? ¿Este autobús pasa por la plaza?
and understand if you must catch another:	No, hay que coger el once. Se coge el dieciséis.

how to buy a ticket by stating your
    destination:
    and / or number of tickets:
	Al ayuntamiento, por favor.
	Dos a la catedral.

how to ask
    for a single ticket:
    or return ticket:
 	
    and understand where you must get off:
	Ida sólo, a la plaza de toros.
	Ida y vuelta a Torremolinos.
	
	¿Dónde hay que bajar?
	
	(Hay que bajar) ⎧ en la próxima
	                 ⎨ en la esquina
	                 ⎩ al final de la línea

more words to help you understand bus maps and information:	la carretera *main road* el microbús el billete la parada el bonobús billete sencillo última salida primera salida *departure* días laborables días festivos

De compras

You will want to bring back a few souvenirs of your visit to Spain, so here you will learn:

> where to buy souvenirs,
>
> how to say what souvenirs you want to buy,
>
> how to talk about the colour, size and price of items.

una tienda de recuerdos

Some souvenirs and presents from Spain:

un abanico

recuerdos de España y objetos de regalo

un disco

unas castañuelas

una guitarra

una muñeca

turrón

Leather goods are also very good value.

artículos de piel

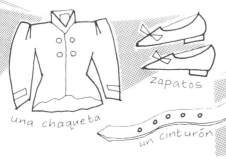

una chaqueta

zapatos

un cinturón

un monedero

guantes

un abrigo

1 Which of these souvenirs would you choose for yourself?
2 Make a list of your family and friends. Beside each name write the Spanish for a present you would buy for that person. Keep this list. You can use it later on.

UNIDAD 6

¿Dónde se puede comprar recuerdos? 📼 359

Listen to the people on the tape asking where to buy souvenirs. In that way you will learn how to find a souvenir shop.

Decide which of the places on these maps each person is directed to.

Ejemplo:
– Perdone. ¿Dónde se puede comprar recuerdos por aquí?
– Pues, creo que hay una tienda de recuerdos en la Plaza Mayor cerca de la cafetería.
You would write 2.

5 Check your own shopping list for your family and friends. Make sure you can find all the departments you need.
6 Which floor would you go to for a drink or a snack? What choice of eating and drinking places is there?

1

2
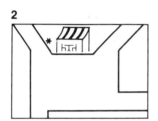

3
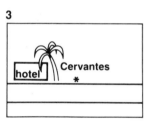

4
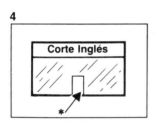

5
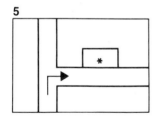

En los grandes almacenes

1 On which floor do they sell souvenirs in this department store?
2 Where would you find gloves and other leather goods?
3 Shoes are in a separate section. Can you work out which floor they are on?
4 You would like to see which records are popular in Spain. Where would you find the records?

B = *baja (ground floor)*
S = *sótano (basement)*

49

Quisiera . . .

Some useful phrases to know when shopping in Spain are:

~~~~~~

¿En qué puedo servirle?	Can I help you?
Quisiera comprar (unas castañuelas).	I'd like to buy (some castanets).
Lo siento, no tenemos.	I'm very sorry, we haven't got one / any.

~~~~~~

Aquí hay unos ejemplos de su uso: 📼 392

1 – Buenos días, señorita, ¿en qué puedo servirle?
   – Quisiera comprar un abanico, por favor.
   – Muy bien, señorita.

2 – Buenas tardes, señor, ¿en qué puedo servirle?
   – Quisiera comprar unos guantes.
   – Lo siento, no tenemos de momento.
   – Entonces, quisiera un bolso.
   – Muy bien, señor.

Use these dialogues as models to take turns with a partner, asking for five items on the shopping list you made earlier. If you ask for an item which is not on your partner's list he or she will say:
– Lo siento, no tenemos.
Then you must ask for something else.
See who can buy five items correctly within two minutes.

¿De qué color?

The shop has these items in various colours. Decide which colour you would like for each item.

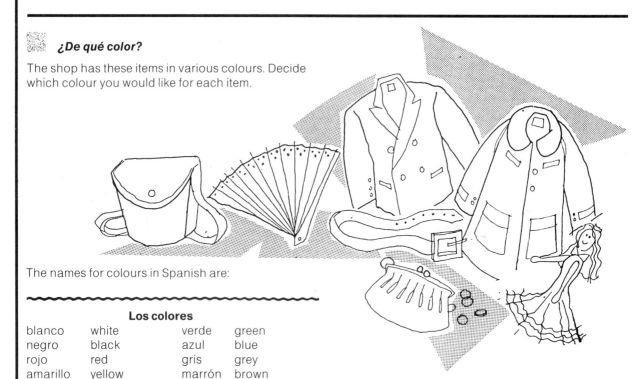

The names for colours in Spanish are:

~~~~~~

Los colores

blanco	white	verde	green
negro	black	azul	blue
rojo	red	gris	grey
amarillo	yellow	marrón	brown

~~~~~~

You want to buy various items. Decide which colour you would like for each item.

Ejemplos:
Quiero un abanico blanco.
Quisiera comprar una chaqueta marrón.
Quiero una muñeca azul, por favor.
Quisiera comprar un abrigo gris.
Quisiera comprar un bolso negro, por favor.
Quiero un monedero rojo.

Work with a partner. Take turns as the customer and assistant in the shop. The assistant must make sure that he or she knows what the customer wants and in what colour.

Ejemplo:
– Buenos días, señorita, ¿en qué puedo servirle?
– Quisiera un abrigo, por favor.
– ¿De qué color?
– Rojo, por favor.
– Muy bien, un abrigo rojo, ¿verdad?
– Sí.

Otro color

It's easy to ask for another colour if the shop has not got your first choice. Choose five items from your shopping list, and two colours for each item, just in case.

Take turns at being the **cliente** (customer) and the **dependienta** (female shop assistant) or **dependiente** (male shop assistant). Practise using this dialogue as a model:

Cliente:	– Buenos días, señorita.
Dependiente/a:	– Buenos días. ¿En qué puedo servirle?
Cliente:	– ¿Tiene <u>bolsos de piel</u>?
Dependiente/a:	– Sí, señorita, ¿de qué color?
Cliente:	– ¿Tiene uno en <u>blanco</u>?
Dependiente/a:	– Lo siento, <u>blanco</u> no tenemos.
Cliente:	– Entonces, ¿tiene uno en <u>negro</u>?
Dependiente/a:	– En <u>negro</u>, sí.

¿De qué tamaño?

It is important to know how to ask for the right size.

¿De qué tamaño?	What size?
¿Qué talla?	What size (for clothes)?
¿Qué número?	What size (for shoes)?

Ejemplo:
– Quisiera comprar una muñeca, por favor.
– Muy bien. ¿De qué tamaño?
– Grande, por favor.

Otro ejemplo:
– Quiero comprar un abrigo, por favor.
– Sí. ¿Qué talla?
– La treinta y ocho, por favor.

Otro ejemplo:
– Quisiera comprar unos zapatos negros, por favor.
– Muy bien. ¿Qué número?
– No sé, el cuatro inglés.
– ¡Ah! Es el treinta y siete aquí.

Las tallas y los números de zapatos son diferentes en Inglaterra y España.

Las tallas (para abrigos, etc.)		
Inglaterra		España
8	30″	36
10	32″	38
12	34″	40
14	36″	42
16	38″	44
18	40″	46
20	42″	48
22	44″	50

Los números (para zapatos)	
Inglaterra	España
3	36
4	37
5	38
6	39
7	40
8	41
9	42
10	43

¿Qué talla o qué número?

You have gone shopping in Britain with a Spanish visitor who wants to know whether these items will fit friends and relatives back in Spain.
Without looking at the charts, can you say what sizes these items would be in Spain.

Ejemplo:
– El catorce es el cuarenta y dos en España.

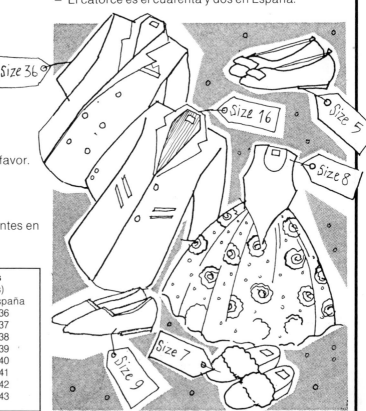

¡A practicar!

Remember, you'll be asked different questions about the size, according to what you buy. Take turns asking your partner for these items. See if he or she asks the right question about the size. You should try to give a sensible reply.

Ejemplo:
– Quisiera comprar un bolso.
– Sí señorita, ¿de qué tamaño?
– Grande, por favor.

¿Qué precio? 406

You will want to be sure of the price before you finally decide to buy. The people on the tape ask the price in various ways. Note down what each customer wants to buy and which of these prices they are quoted.

Here are some other phrases which you'll hear and which are useful to recognise.

Me lo llevo.	I'll take it.
¿Se lo envuelvo?	Shall I wrap it up?
¿Quiere pagar en caja, por favor?	Please pay at the cash desk.

Los números grandes

Large numbers in Spanish are easier than those between 100 and 1000, so you were probably able to work out the last two prices on the tape quite easily.

1.000	mil	2.250	dos mil doscientas cincuenta
2.000	dos mil		
3.000	tres mil	3.725	tres mil setecientas veinticinco
4.000	cuatro mil		
5.000	cinco mil		
6.000	seis mil		
7.000	siete mil		
8.000	ocho mil		
9.000	nueve mil		
10.000	diez mil		
1.500	mil quinientas		

En El Corte Inglés

Whilst shopping in the big department store, **El Corte Inglés**, you hear an announcement over the public address system.

You know from signs around the store that there is a sale on. See how many of the special items and prices mentioned you can understand.

1 How much are dolls?
2 What costs only 200 pesetas?
3 What price is mentioned for belts?
4 How much are leather bags in the sale?
5 Two prices are mentioned for coats. What are they?

SUPER VENTA
SUPER OFERTA

 ¿Qué más? 442

	¿color?	¿precio?	¿tamaño? ¿número? ¿talla? (size)
Ejemplo: bag	✓		
1			
2			

The people on the tape are being asked for more details of what they want to buy. Listen carefully so that you will recognise similar questions if you are asked them. Make a copy of the chart. Put a tick in the column of anything that is asked about. An example has been done for you.

Ejemplo:
– Quisiera comprar un bolso de piel, por favor.
– Muy bien señorita. ¿De qué color?
– Negro, por favor.

Muy caro y demasiado grande

Make sure you don't waste money by paying too much or by buying the wrong size.

Ejemplo:
Si ves estos dos bolsos:

O estas dos chaquetas:

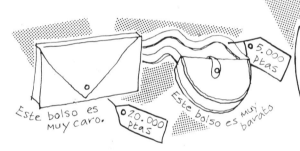

Which would you choose in each case if you were running short of money?

The choice is obvious with sizes too.

Este zapato es demasiado pequeño.

Este abrigo es demasiado grande.

Esta chaqueta es demasiado pequeña.

En tu opinión

What would be your opinion of these items?

Ejemplo:

Es demasiado grande.   Es muy caro.

25.000 ptas.

150 ptas.

5.000 ptas.

2.0.000 ptas
5.000 ptas.

Más 469

Más is a word you have already met in phrases such as:
– ¿Algo más?
– No, nada más, gracias.

You will hear people on the tape use it when they ask for something bigger, smaller, cheaper or dearer.
Note down:
1 what is wrong with what they are shown,
2 what they ask for instead.

Ejemplo:
– Es muy caro. ¿No tiene otro más barato?
You would write:
1 very dear
2 cheaper one

¡Te toca a ti!

Practise this dialogue with a partner. Take turns at being the customer and the shop assistant.
– Buenos días, ¿en qué puedo servirle?
– Quisiera comprar un cinturón, por favor.
– ¿Éste, por ejemplo?
– No. Es demasiado grande. ¿Tiene otro más pequeño?
– No, lo siento. No tenemos.
– Muy bien. Adiós.

Now try these variations:
1 a bag – too dear – cheaper
2 a purse – too small – bigger
3 a coat – too big – smaller

Ahora la prueba . . .

To prove you know all this . . .
1 Your Spanish penfriend has asked you what you would like her to bring with her from Spain. Describe six things you would like, using adjectives.
   ### Ejemplo:
   un bolso rojo, un abanico barato . . .

2 Work with a partner. Both make a list of five presents that you want to buy. Include the colour, size and price you want. Take turns at giving this information by answering these questions when your partner asks:

– Quisiera comprar un ....
– ¿De qué color?
– ....
– ¿De qué tamaño?
– ....
– ¿De qué precio?
– ....
– Muy bien.

If you can do this, you will have no trouble in getting what you want when you shop in Spain.

UNIDAD 6

Ahora sabes . . .

Now you know . . .

how to ask where to buy souvenirs:	¿Hay una tienda de recuerdos por aquí? ¿Dónde se puede comprar recuerdos?
and say what you want to buy:	Quisiera comprar una muñeca. Quiero un abrigo azul.
how to understand various shopping phrases:	¿En qué puedo servirle? Lo siento. No tenemos. ¿Se lo envuelvo? Me lo llevo.
and reply to enquiries about colour:	¿De qué color? blanco verde negro azul rojo marrón amarillo gris
and size:	¿De qué tamaño? ¿Qué talla? ¿Qué número? grande pequeño el treinta y seis
and price and payment:	Números 1.000 a 10.000 ¿Quiere pagar en caja?
how to comment on size, price etc:	Es muy grande. Es demasiado caro.
how to ask for an alternative:	¿No tiene uno más pequeño? ¿No tiene una más pequeña?
the words for souvenirs, presents, and leather goods:	los recuerdos los regalos los artículos de piel
the names of some souvenirs:	el abanico el turrón la chaqueta el abrigo el bolso los guantes la guitarra los·zapatos el cinturón las castañuelas el disco el monedero

¿Quién eres?

007

In this unit you will learn how to ask and answer questions about:
> where you come from,
> your name,
> your age and birthday.

¿Eres inglesa?

Once you can get around on your own in Spain you will meet lots of young Spaniards.

¿Eres inglesa?
Sí, soy de Manchester.

¡Hola! Eres inglesa, ¿verdad?
No, soy escocesa, de Glasgow.

¿Eres inglés o americano?
Soy irlandés, pero vivo en Inglaterra.

¿De dónde eres?

Look again at the map on pages 4–5. Work with a partner. Take turns to decide what each of these people would say when asked:
– ¿De dónde eres?

Mi nacionalidad

Another way to answer would be with words from this table.

americano	americana
australiano	australiana
canadiense	canadiense
escocés	escocesa
galés	galesa
inglés	inglesa
irlandés	irlandesa

Working again with your partner, take turns at deciding how each person above would answer with these words:

Ejemplo:
– ¿De dónde eres?
– Soy de Escocia. Soy escocés.

¿Dónde vives? 23/4

The young Spaniards on the tape are going to tell you where they live. Find out who lives where.

Ignacio	Cáceres
Beatriz	Torremolinos
Marisol	Málaga
Antonio	Madrid
Nieves	Valencia
José Luis	Barcelona
	Marbella

Vivo en . . .

Take turns with a partner pretending you live in each of these places. Say as much as you can about yourself.
Swansea   Nueva York   Leeds   Montreal
Sydney   Edimburgo   Dublin

Vivo en Swansea.
Soy de Gales. Soy galesa.

Vivo en Swansea.
Soy de Gales. Soy galés.

¿Cómo te llamas?

These are some of the young people who spoke to you earlier.

¡Hola! Soy Beatriz.   Me llamo Antonio.

– Soy Beatriz.
– Me llamo Antonio.
These are two ways of giving your name or answering the question:
– ¿Cómo te llamas?   (What is your name?)

Soy José Luis.

¡Hola! Me llamo Marisol.

Your teacher will give you each a Spanish name. Find out what names your friends have been given by using these dialogues as a model.

1 Tú: – ¿Cómo te llamas?
  Amiga: – Me llamo <u>Maribel</u>, ¿y tú?
  Tú: – Soy <u>Carmen</u>.

2 Tú: – ¿Cómo te llamas?
  Amigo: – Soy <u>Paco</u>.
  Tú: – ¿Qué? No entiendo.
  Amigo: – Soy <u>P-A-C-O</u>, ¿y tú?
  Tú: – Me llamo <u>Juan</u>.

No entiendo – I don't understand. Use this if you didn't understand or catch your partner's name. See who can find out most names in two minutes.

¿Cuántos años tienes?

In Spain, as in most countries, there are films you cannot see and places you cannot go into until you are a certain age.
Look at these signs and advertisements. Then listen to the conversations on the tape. Decide which sign or advertisement goes with each conversation.

Cine Alex
Hoy – Bajo el Volcán
No apto para menores de 13 años

1

Café Real
No se sirve alcohol a menores de 16 años

3

Máquinas electrónicas
Prohibida la entrada
a menores de 18 años

2

Prohibido el uso del ascensor a niños de menos de 12 años sin ir acompañados de personas mayores

4

Cine Pelayo
la película del año
El Tesoro de la Diosa Blanca

No recomendada para menores de 14 años

5

Tengo cien años

Tengo cien años.

These other people aren't as old as this lady. Would you be able to guess their ages if you were asked?

Work in pairs. Take turns to pretend you are each of these people, and tell your partner your age. If your partner agrees with you, use this dialogue as a model:
– Tengo siete años. ¿De acuerdo?
– Sí.
But, if your partner does not agree, use this dialogue as a model:
– Tengo siete años. ¿De acuerdo?
– No, tienes cinco años.

 ¡Feliz cumpleaños!

You'll be able to give your birthday as well as your age once you know the names of the months.

enero	
febrero	
marzo	
abril	
mayo	
junio	
julio	
agosto	
setiembre	
octubre	
noviembre	
diciembre	

 ¿Cuándo es tu cumpleaños?

Find out the birthdays of as many members of the class as possible.
Usa este diálogo:
Tú: – ¿Cuándo es tu cumpleaños?
Amigo / amiga: – Mi cumpleaños es el treinta de abril.
Write down the date your friend tells you, so that he or she knows you have understood.

Mi cumpleaños es el cinco de enero.

Mi cumpleaños es el veintiuno de abril.

UNIDAD 7

Una ficha personal

When you enter Spain, and when you book into a hotel or campsite, you will have to fill in a form. Look carefully at this one. Some of the words are new, but you will be able to work them out.
What answers would you get from the girl who filled in this form when you asked these questions?

¿Cómo te llamas?
¿De dónde eres?
¿Dónde vives?
¿Cuándo es tu cumpleaños?
¿Cuántos años tienes?
¿Eres inglesa?

Nombre: .... *María del Carmen*
Apellido: .... *García*
Dirección: .... *Calle de Felipe II, 32*
.... *Valencia*
.... *España*
Fecha de nacimiento: .... *14 de setiembre de 1971*
Edad: .... *16 años*
Nacionalidad: .... *Española*

Unos amigos españoles 🔊 105

The young Spaniards you will hear on the tape are sending information about themselves to their exchange partners. Here is an example of the type of thing they will say:

– ¡Hola! Me llamo Marisa Fernández. Soy española. Vivo en Granada. Tengo catorce años y mi cumpleaños es el cinco de octubre.

When you have heard the tape, practise similar descriptions of yourself with a partner. If possible, record what you say to send to a Spanish penfriend.

Ahora la prueba . . .

To show you can do all these things . . .

1   Go round your class or group and carry out a survey to find:
      who lives nearest to and furthest from your school,
      who lives nearest to and furthest from you,
      whose birthday is nearest to yours,
      whose birthday is nearest to Christmas,
      whose birthday is in the summer holidays.
   Fill in a form for each person you interview. Ask for his or her name, age and nationality so that you have all his or her details.

2   Prepare a script about yourself to record and send to a Spanish school.

   Ejemplo:
   – ¡Hola! Me llamo Donna. Soy de Inglaterra. Vivo en Chester.
      Tengo quince años y mi cumpleaños es el primero de noviembre.

Ahora sabes . . .

Now you know . . .

how to ask and answer questions about your nationality:	¿Eres inglesa? ¿Eres galés? No, soy escocesa. No, soy irlandés.
how to say where you come from and live:	¿De dónde eres? Soy de Londres. ¿Dónde vives? Vivo en Birmingham.
your name:	¿Quién eres? Soy Gary Smith. ¿Cómo te llamas? Me llamo Sharon Green.
your age:	¿Cuántos años tienes? Tengo quince años.
your birthday:	¿Cuándo es tu cumpleaños? Mi cumpleaños es el trece de enero.
how to talk about dates:	el seis de febrero
how to say you don't understand:	No entiendo.
the names of the months:	enero mayo setiembre febrero junio octubre marzo julio noviembre abril agosto diciembre
how to read and fill in a form with personal details:	el nombre el apellido la dirección la fecha de nacimiento la edad la nacionalidad

UNIDAD 8

Presentando a la familia

By the end of this unit you will know:
- how to talk about your family, friends, pets and jobs,
- how to understand and answer a letter like the one given here.

Mis abuelos

Mis padres

Yo

Una carta de una chica española

Read the letter and write down in English:
1. Conchi's age.
2. Where she lives.
3. How many are in the family. Who they are.
4. What jobs her parents do.
5. What Conchi says about her older brother and sister.
6. What she tells us about her younger brother.

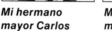
Mi hermano mayor Carlos

Mi hermano menor Luis

Mi hermana María Elena con su marido Juan y su hijo

7. Whether Conchi has any pets.

Fuengirola,
el 30 de junio

¡Hola!
Soy tu nueva corresponsal española. Me llamo Conchi y tengo 15 años. Vivo en Fuengirola cerca de Málaga en la Costa del Sol, pero mi familia es de Madrid. Mis abuelos viven todavía allí.

Hay seis en mi familia, mi padre, mi madre, mis dos hermanos, mi hermana y yo.

Mi padre es profesor en un colegio de E.G.B. y mi madre trabaja como secretaria. Mi hermano mayor se llama Carlos; tiene veintidós años y es empleado de banco. Mi hermana se llama María Elena; tiene veinticinco años y tiene un hijo, Toñito, de dos años; y su marido se llama Juan. Mi hermano menor tiene once años, se llama Luis y es muy travieso. También tengo un perro que se llama Mus.

Te mando unas fotos de mi familia y mi perro. ¿Tienes fotos de tu familia?

Escríbeme pronto con tus noticias.
Un beso muy grande,
Conchi

La familia

Have you worked out the English for these words?

el padre	el hijo
la madre	el marido
el hermano	los abuelos
la hermana	

Now can you work out these words?
- el abuelo
- la abuela
- la hija
- los padres (*careful!*)

¡Adivina!

Guess what these sentences mean.
1. No tengo hermanos.
2. Mi hermano tiene una esposa y dos hijos.
3. Mi abuela vive en casa con mis padres y yo.
4. Soy hija única.
5. No tengo perro.
6. Tengo una hermana mayor.

Do any apply to you?
Do any apply to any of your friends?
Remember those which describe your family. You can use them later.

Hablando de la familia 🔲 139

Jesús

Gloria

Pili

Emilio

Miguel

Listen to the tape and note down what these five young Spaniards say about themselves and their family. Use these headings:

Age
Where he or she lives
Brothers? number, names, ages, jobs
Sisters? number, names, ages, jobs
Other members of family.

Copy these sentences into your book. They refer to Jesús and his friends. Fill in the correct name in each case, using the information you noted from the tape.

1 .... tiene dos hermanos y una hermana.
2 .... tiene un hermano y una hermana.
3 .... es hija única.
4 .... tiene un hermano que es mecánico.
5 .... tiene una hermana de nueve años que se llama Susana.
6 .... tiene una hermana que tiene veinte años.
7 .... tiene a su abuelo en casa con su familia.

 Una ficha personal

Nombre: ....Concepción....(Conchi)................................

Apellidos: ....Sánchez García.................... Edad: ..15 años........

Dirección: ....Calle Fernández Santos, 14............................
....Fuengirola, Málaga............................

Hermanos (número): ....2........ Hermanas (número): ....1....

(1) Nombre: ....Carlos................ Edad: ..22......

(2) Nombre: ....Luis................ Edad: ..11......

(3) Nombre: ....María Elena........ Edad: ..25......

When Conchi went to a new school recently the teacher filled in this form about her. These are the questions the teacher asked.
Give Conchi's replies.
– ¿Cómo te llamas?
– ¿Cuántos años tienes?
– ¿Dónde vives?
– ¿Cuántos hermanos tienes?

– ¿Tienes hermanas?
– ¿Cómo se llama tu hermano mayor?
– ¿Cuántos años tiene?
– ¿Cómo se llama tu hermano menor?
– ¿Cuántos años tiene?
– ¿Cómo se llama tu hermana?
– ¿Cuántos años tiene?

UNIDAD 8

La familia de un compañero o una compañera

Ask a member of your class, whom you do not know very well, the questions that Conchi was asked. Fill in a blank form from the replies, like the one on the opposite page.

Tu fichero

What answers would you give when asked these same questions?
You want to get a Spanish penfriend. Fill in a form with details about you and your family, so that you will get a penfriend from a similar family.

 ¿Tienes animales en casa?

Unos animales típicos ingleses

Unos animales típicos españoles

un perro

un perro

un gato

un pájaro en una jaula

un conejo

un grillo

un conejo de Indias

un pez

Muchos españoles no tienen un animal en casa. Algunos niños pequeños tienen un grillo en una caja y algunas familias tienen un pájaro en una jaula. La jaula está normalmente en el balcón. Hay muy pocos gatos en las casas españolas y no hay tantos perros.

Compara a los españoles con tu clase.
Pregunta a otras personas en tu clase:
– ¿Tienes un animal en casa?
Tienen que decir, por ejemplo:
– Sí, tengo un gato
o – No, no tengo un animal en casa.

¿Cuántas personas tienen un perro? ¿un gato? ¿un pájaro? ¿un conejo? ¿un pez? ¿un conejo de Indias? ¿un grillo?

¿Quién utiliza esto? 📼 177

You will hear these two young Spaniards talking about themselves and their families. For each person mentioned write their name, and the number of the tool or item they would use in their work.

Ejemplo: *Si oyes:*
– Mi hermana es profesora. *Escribes:* Sister 1

The people mentioned (though not in this order) are:

José Manuel	Begoña
His father	Her mother
His mother	Her father
His sister	Her sister
	Her brother

José Manuel

Begoña

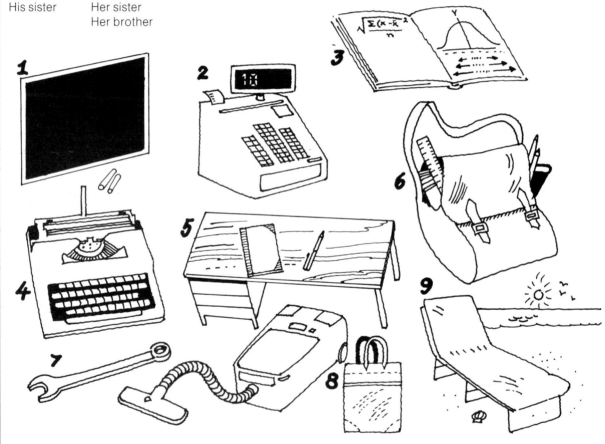

 ¿En qué quieres trabajar?

The adverts opposite show just a small selection of jobs for which languages, especially Spanish and English, are useful.

Make a list of these jobs.
Then add any other jobs where you think languages would be useful.
Finally, write down what you would like to do.

To find out how many people in your class want a job where Spanish is useful, ask each person in turn.

Usa este diálogo como ejemplo:

Tú: – ¿En qué quieres trabajar?
Amigo/a: – Quiero ser <u>ingeniero</u>.
Tú: – ¿Es útil el <u>español</u> para este trabajo?
Amigo/a: – <u>Sí</u>, creo que <u>sí</u>.

ELECTRONIC TECHNICIAN

- Technical graduate Engineer or similar.
- Good English knowledge.
- To be based in Madrid and work onshore and offshore Spain.
- Irregular working hours.
- Less than 30 years of age.

Candidates send "curriculum vitae" to:

HALLIBURTON ESPAÑOLA, S.A.

Carretera Madrid-Barcelona. Km. 15,300. MADRID-22

Ref. Electronic Technician

JEFE RECEPCIÓN

Hotel de más de 500 camas en Lanzarote.
- Inglés imprescindible.
- Experiencia.
- Sueldo a convenir.
- Promoción.

GOBERNANTA GENERAL

Hotel más de 500 camas en Lanzarote.
- Inglés hablado se valorará
- Sueldo a convenir.

Escribir a
C/ Pinar, 18. Madrid-6.
Re: Sta. Gloria

INGENIERO/A

QUEREMOS:
- Un Ingeniero Industrial ICAI o similar, de especialidad Eléctrica, con experiencia en: Mantenimiento Eléctrico de maquinaria de Plantas de Proceso de Minerales o en Proyectos y Montajes Eléctricos.
- Preferible: Conocimiento de Inglés y manejo de ordenadores personales.
- Excepcionalmente se podrán tener en cuenta, candidatos sin experiencia, con gran potencial de formación.

---

1 CONTROLADOR DE TRÁFICO

Con experiencia en:
- Contratación de transporte marítimo y terrestre.
- Obtención y preparación de presupuestos de transporte.
- Control de movimiento de envíos.
- Exportación, desgravación fiscal, tráfico de perfeccionamiento.
- Inglés, escrito y hablado.

BANCO INTERNACIONAL DE PRIMERA LÍNEA

PRECISA

RECEPCIONISTA

Y

TELEFONISTA

Las candidatas a los puestos deberán reunir las siguientes condiciones:

- Dominio del inglés.
- Experiencia en trabajos que requieren trato con el público.
- Buena presencia física.

MONDIAL ASSISTANCE
necesita

JÓVENES

para los meses de verano, junio hasta septiembre

DOMINANDO PERFECTAMENTE FRANCÉS y como mínimo otro de los idiomas siguientes: alemán, inglés.

Solucionarán los problemas de los turistas en dificultad en España o en cualquier parte del mundo (averías de coche, accidentes, enfermedades, etcétera) llamando a los corresponsales y proveedores necesarios.

BILINGUAL

Secretarial Training (English-Spanish). "Gregg" or "Pitman" Shorthand. Typing (manual, electric and electronic typewriters). Word Processing. Preparation London Chamber of Commerce Diploma. Intensive and most practical training (8-9 months), leading to interesting jobs. Student reference list available. Estudio Internacional Sampere Castelló, 50. ☎ 276 82 64.

Sec.

Eng/Spanish/
£7,500 SW1.
Publishers require sec to assist marketing manager. Both langs. essential with s/h in English.

---

1 PROGRAMADOR/A DE APLICACIONES
para ordenador IBM 4331

- PROFUNDOS CONOCIMIENTOS DEL SISTEMA OPERATIVO DOS/VSE.
- DOMINIO DEL COBOL Y CICS.

Se valorará:
- CONOCIMIENTO DEL DL/1.
- CONOCIMIENTOS DEL INGLÉS.
- EL CANDIDATO DEBERÁ POSEER UNA EXPERIENCIA DEMOSTRADA DE TRES AÑOS EN PUESTO SIMILAR.

Una carta a un chico o una chica en España

Aquí hay otra carta de un joven español.
¡Ahora sabes escribir una respuesta!
Reply to Pedro's letter by answering all the questions

at the end and by adding anything else you can about yourself and your family. Begin and end your letter in the same way as Pedro did.

Puenteviesgo
el 16 de julio

¡Hola!
Soy tu nuevo corresponsal español. Me llamo Pedro y vivo en Puenteviesgo en la provincia de Santander. Tengo quince años y voy todavía al instituto de Torrelavega porque no hay instituto aquí. Al terminar mis estudios quiero ser programador de computadoras.
Vivo aquí en el campo con toda mi familia. Tengo dos hermanos y dos hermanas y mi abuela vive con nosotros, así que con mis padres somos ocho en casa.
Mis hermanos tienen 18 y 10 años. José María, el mayor, estudia para ser ingeniero

en Bilbao y David, el menor, va a la escuela aquí en Puenteviesgo. Mis hermanas son mayores que yo: Mari Nieves tiene diecisiete años y estudia la informática (para computadoras) e Inmaculada, la mayor, tiene veintiún años y trabaja en el Banco de Santander. Mi padre es técnico en una fábrica y mi madre es directora de la escuela de Puenteviesgo.
Escríbeme pronto y dime: ¿Cuántos años tienes? ¿Cuántas personas hay en tu familia? ¿Tienes hermanos o hermanas? ¿Cuántos años tienen?
Hasta pronto
Saludos de
Pedro

 ### Tu fichero personal

¿Tienes fotos de tu familia?
Find photos, or draw pictures, of your family, pets and friends. Start a personal file with them by writing as much as you can about each person and animal.
If you add to this file in the next few units you will have a very interesting book to send to a Spanish penfriend.

Aquí tienes un ejemplo:
Mi hermano mayor
Se llama Nigel.
Tiene diecinueve años.
Es estudiante de arte.

Ahora la prueba . . .

To prove you know all this . . .
1 ¡Un minuto, nada más!
You and your partner each have one minute to ask questions about the other's family. You then each have one minute to answer the other's questions. If you can't answer all of them in one minute, keep practising until you can.

2 A Spanish magazine for young people is running a competition to see who can find most jobs where languages are useful. See how many you can think of. Have a competition with a friend to see who can think of most in thirty seconds.

3 Conchi, who wrote the letter at the beginning of this Unidad, sent a drawing of her family tree as well:

mi abuelo = mi abuela
mi padre = mi madre

mi hermana = su marido | Yo 15 años
María Elena | Juan
25 años | mi hermano | mi hermano
su hijo | Carlos 22 años | Luis 11 años
Toñito 2 años

Draw your family tree to send to Pedro. Label it in Spanish.

Ahora sabes . . .

Now you know . . .

how to understand and answer questions on . . .	
the size of your family:	¿Cuántas personas hay en tu familia?
the members of your family:	¿Tienes hermanos o hermanas? Sí, tengo dos hermanos.
their names:	¿Cómo se llama tu padre? ¿Cómo se llaman? Se llama Miguel.
their ages:	¿Cuántos años tiene tu hermano? ¿Cuántos años tienen? Tiene veintidós años.
their jobs:	¿En qué trabaja tu madre? Trabaja como secretaria. Es dependienta.
whether you have pets:	¿Tienes animales en casa? Sí, tengo un gato.

how to say
    you are an only child:
    someone doesn't work:
	Soy hija única. / Soy hijo único.
	No trabaja.

the names of members of the family:	el abuelo / la abuela el padre / la madre el hermano / la hermana el hijo / la hija
words for older and younger brother and sister:	mi hermano mayor mi hermana menor
the names of some animals:	el perro el conejo el gato el pájaro el grillo el conejo de Indias el pez
some jobs:	el secretario / la secretaria el dependiente / la dependienta el empleado (de oficina) / la empleada el mecánico el profesor / la profesora (el) ama de casa el estudiante la estudiante
some useful words:	todavía pero

¿Cómo es?

In this unit you will learn how to describe:
- yourself,
- your family and friends,
- your home town,
- your home.

¿Cómo es?

El joven es guapo.

La joven es guapa.

El chico es delgado.

La chica es delgada.

El señor es gordo.

La señora es gorda.

El hombre es simpático.　　　La mujer es simpática.

Tiene el pelo largo.　　　Tiene el pelo corto.

El chico es inteligente. La chica es inteligente. Tiene los ojos grandes. Tiene los ojos negros.

Tiene el pelo rubio. Tiene el pelo castaño. El chico es alto. La chica es alta.

¡Qué guapo es! 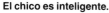 198

Listen to the boys on the tape. They are with some girls and are trying to get one of them to go out with one of their friends. Which of these photos is most likely to be that friend?

One of the girls wants them to bring along a boy for her sister to meet. Which of these photos do you think is her sister, and what sort of boy would her sister like to meet?

A

B

A

B

Se busca . . .

Andrés Blásquez

De 12 años de edad. Estatura 1.40 metros. El pelo negro y corto y los ojos marrones. Si sabe dónde está ahora por favor póngase en contacto con
Sres Blasquez c/Madrid 13, Badajoz.

José María Martínez

Desapareció 29.7.86. Es moreno, delgado con los ojos negros y el pelo corto. Tiene 35 años y mide 1.70 metros. Se ruega, póngase en contacto con
c/Sancho el Bueno, 25, Odeta, Valladolid.

Antonia Pérez

Es guapa, delgada y morena. Tiene 20 años de edad. Tiene el pelo largo y negro y los ojos verdes.

Isabel Carrillo

De 16 años de edad. Tiene los ojos azules y el pelo corto y castaño. Lleva vestido 'punk'. Va con su amiga Ana de 17 años de edad. Ana tiene el pelo corto y rubio y los ojos verdes.

1. Why have people put these announcements in newspapers?
2. Describe Andrés Blásquez to a friend who doesn't understand Spanish.
3. Tell the same friend anything about Antonia Pérez which is not obvious from the photo.
4. You have seen a man who might be José María Martínez. Write down the five things in English that you know about José María that will help you to decide.
5. What are the differences between Isabel and her friend Ana?

Tú y tu clase

1. How would you describe your partner in Spanish, if you had to give a description like the ones above?
2. What adjectives would your partner use to describe you? Make a list of five or six. Compare descriptions to see if you agree.
3. Write a description of another member of the class. Read out your description for others to guess whom you are referring to.

¿Cuál prefieres?

Describe a boy or girl from the photos on the previous page. Your partner must point to the one you have described to prove that he or she recognised your description. Then he or she must describe another person.

Tu familia

Get a photo of your family for your **fichero personal,** and write descriptions of each member of the family beside the photo, so that you can send an interesting account of your family to a Spanish friend.

Yo soy así

No one ever thinks that their photo is a good likeness, so even if you send a photo to your penfriend, you will want to describe yourself too.

Here is what Conchi wrote about herself.

> Tengo el pelo largo y castaño y los ojos marrones.
>
> También soy bastante alta; mido 1,75 metros y soy delgada (sólo peso 50 kilos). ¡Me dicen que soy guapa también!

Here are similar descriptions from other young Spaniards. Which do you like best and why? Which would you choose as a penfriend?

> Soy baja pero no soy gorda, sólo peso 48 kilos. Tengo los ojos marrones y soy morena. Tengo el pelo largo y castaño

> Mido 1,80, así que soy alto. También soy delgado. Tengo el pelo corto y rubio y tengo los ojos grandes y azules.

> Todas las chicas de mi clase dicen que soy guapo. Soy alto, mido 1,80 metros, y soy bastante delgado. Tengo el pelo negro y los ojos negros también.

Now write a similar description of yourself to send to a Spanish penfriend. Send a photograph of yourself as well, if you have one.

Para reconocerme 🔊 197 248 ~~217~~

1	2	3	4

The young Spaniards on the tape are phoning their penfriends who will meet them at the airport. Would you recognise them from the descriptions?

Write notes of any features which you can't see on the photos. Compare with a friend to see if you agree.
Do not expect to understand every word you hear.
Match up the photos with each person described.

UNIDAD 9

Ciudades y pueblos

un pueblo típico

Madrid   Barcelona

una calle estrecha

Ciudades y pueblos de España

España tiene muchas ciudades famosas, unas grandes y modernas como Madrid, Barcelona y Bilbao, otras más viejas e históricas como Salamanca, Toledo, Córdoba y muchas más. Pero también tiene muchos pueblos interesantes – en las montañas, en el campo, en la costa y en el centro del país. Allí hay casas típicas, iglesias viejas y calles estrechas.

1 What is this text about?
2 What old, historic cities are mentioned?
3 What sort of cities are Madrid, Barcelona and Bilbao?
4 Where in Spain would you find interesting villages?
5 What type of buildings can be seen in Spanish villages?
6 According to the passage and the photo, what are the streets like?

 Mi ciudad natal 🔲 ¹288 / ²296 / ³303 / ⁴312 /

Whilst on holiday in Spain you meet some young Spaniards from other parts of Spain. They tell you about their home towns. Make notes on what each one says. Then decide which place you would most like to visit, and which has most in common with your home town.
These words and phrases will help you.

una ciudad grande e industrial	a large, industrial city
una ciudad famosa e histórica	a famous, historic city
una ciudad aburrida	a boring town
un pueblo pequeño y bonito	a small, pretty village
la parte vieja	the old part
las murallas medievales	the medieval walls
una casa bonita y blanca	a pretty, white house
las calles estrechas	the narrow streets
una fábrica fea	an ugly factory
de casi cien mil habitantes	of almost a 100,000 inhabitants

Una descripción de tu ciudad o pueblo

You want to describe your home town or village to a Spanish penfriend. Use this table to make up as many sentences as possible.

Mi ciudad/ Mi pueblo	está	en el este en el norte en el sur en el oeste
Mi ciudad	es	pequeña aburrida grande moderna vieja interesante industrial bonita fea

Mi pueblo	es	pequeño aburrido moderno viejo interesante bonito feo
Mi ciudad/ Mi pueblo	tiene	una catedral una iglesia parques discotecas cines calles estrechas calles grandes mucha industria casas bonitas (diez mil) habitantes

Un piso español

Your neighbours are thinking of buying a flat in Spain and have been sent this advertisement.

They have asked you:
1 How many bedrooms does this flat have?
2 How many bathrooms are there?
3 Where are the lounge, dining room and kitchen?
4 Where could you sunbathe?
5 What other facilities are available to people who buy flats in this block?

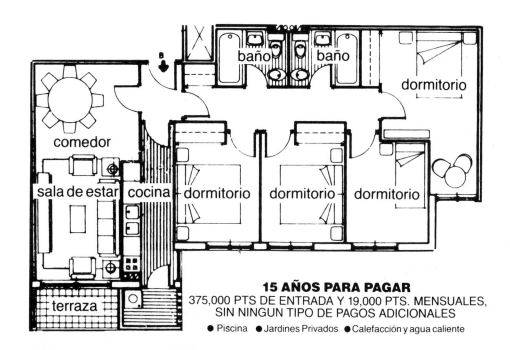

15 AÑOS PARA PAGAR
375,000 PTS DE ENTRADA Y 19,000 PTS. MENSUALES, SIN NINGUN TIPO DE PAGOS ADICIONALES
● Piscina ● Jardines Privados ● Calefacción y agua caliente

Apartamentos en España

The flat advertised on the previous page is not
suitable for your neighbours. They want:

1 a flat with two bedrooms,
2 nice views,
3 either a swimming pool or a garden.

Which of these places would suit them best and why?

OCASION piso en Pedregalejo renta
libre, 108 metros. construido, 2 dormitorios, baño, cocina, gran salón, terraza, vistas al mar. Zona residencial, piscina. Precio: 4.500.000 abstenerse in-
termediarios. Teléfono horas oficina,
212122; particular, 291332

TORREMOLINOS apartamento ático,
1.900.000, I dormitorio, salita, cocina,
terraza y tendedero. Inmejorables vistas, entrada 200.000, resto 26.000 o
28.000 al mes. Teléfonos 381477-
381669

SE vende piso en La Florida, 4 dormitorios, 2 baños, 3 millones. Teléfono
297099

MARBELLA Chalet 2 plantas con par-
cela en cooperativa. Primer pago,
1.000.000. Resto, 20 años, 775012,
775207

TORREMOLINOS Montemar, chalets
adosados, V.P.O. 3 dormitorios, 2
baños, jardín privado, piscina, vistas al
mar. Precio año 85. Consúltenos.
383454

URBANIZACION
RETAMAR
Alhaurín de la Torre. Ctra. Churriana

Chalets VPO
2.3.y 4 Dormitorios
Jardin individual
ENTRADA 250 000 PTS
RESTO 15 ANOS

Adelántese al IVA
AHORRE 300 000 PTS

Información y venta:
Tel: 41 08 78   22 29 00

Explain why the other places would not be suitable.

Mi casa 321

Some of the young Spaniards who earlier described
their home towns are now talking about their houses.
Here are some of the phrases which will help you.

la habitación es bastante grande	the room is quite large
el cuarto de baño está arriba	the bathroom is upstairs
el dormitorio está arriba también	the bedroom is upstairs too
el salón, el comedor y la cocina están abajo	the lounge, dining room and kitchen are downstairs
no tiene jardín	it has not got a garden
es una casa de dos plantas	it is a 2-storey house
es un chalet	it is a detached house
es un piso	it is a flat

Listen to the descriptions of the houses, and note as
much as you can about the rooms in each house, to
see if they would have room for a visitor.
Which one would you prefer to visit and why?

¿Cómo es tu casa?

So that you could describe your home to a Spanish
friend, practise asking and answering these questions
with a partner.
¿Vives en una casa o un piso?
¿Cuántas habitaciones tiene tu casa?
Dime qué habitaciones son.
¿Tienes jardín o terraza o patio?
¿Qué más tiene tu casa?

Ahora la prueba . . .

To prove that you can do all this . . .
1 Describe yourself to a partner, as if you were
talking on the phone to a Spaniard who had to
meet and recognise you. Record this if you can.

2 Write a description of your house and home
town to send to a Spanish friend. (You can
either write a letter to send, or practise what to
say when you meet him or her.)

UNIDAD 9

Ahora sabes . . .

Now you know . . . .

how to ask about and describe someone's appearance and intelligence:	¿Cómo es? María es alta. Juan es alto. José es rubio. Miguel es inteligente. Marta es inteligente también. Tiene el pelo corto. Tiene los ojos azules.
how to describe your own appearance and intelligence:	Soy bajo. Soy inteligente. Tengo el pelo rubio. Tengo los ojos verdes.
how to describe hair:	Tiene el pelo { moreno corto largo rubio
how to describe eyes:	Tiene los ojos { marrones negros grises azules verdes
how to understand references to height and weight:	Estatura: 1,75 m Mido: 1,60 m Peso: 40 kgs
several adjectives to describe people:	alto/alta delgado/delgada bajo/baja inteligente guapo/guapa
how to give the position of and describe your home town or village:	Mi pueblo está en el norte de España. Mi ciudad es moderna e industrial. Mi pueblo es viejo y pequeño.
the points of the compass:	el norte el este el sur el oeste
some adjectives to describe a town or village:	grande industrial pequeño / pequeña aburrido / aburrida famoso / famosa interesante moderno / moderna medieval viejo / vieja feo / fea histórico/histórica
how to name the rooms and facilities in your house or flat:	Mi casa tiene ocho habitaciones. En mi piso hay tres dormitorios y un baño. Mi chalet tiene dos cuartos de baño.
the names of types of houses and parts of the house:	la casa el cuarto de baño el chalet la cocina el piso el jardín el salón la terraza el comedor la puerta principal el dormitorio el patio

UNIDAD 10

¿Qué te gusta hacer?

In this unit you will learn:
 how to talk about sports, hobbies and pastimes,
 how to say what you like and dislike.

EQUITACION

A lo largo de la Costa y del interior hay numerosas caballerizas, donde se puede disponer de caballos para largas excursiones a la montaña para grupos individuales, o para dar un paseo a lo largo de las arenosas playas al alba.

GOLF

La Costa del Sol es durante todo el año el mejor centro de golf de Europa. Hay 15 campos a nivel de campeonato, provistos de una extraordinaria variedad.

 Los deportes

Do you take part in any sport?
1 Why, according to the brochure, is the Costa del Sol so good for water sports like sailing and windsurfing?
2 Who will help you to improve your tennis?
3 What is said in the brochure that tells you the Costa del Sol is good for golf?
4 Where can you go horse-riding on the Costa del Sol?

 Y hay más . . .

OTROS DEPORTES

el esquí		p4	el fútbol		p8
la pesca		p5	el ciclismo		p8
el jogging/ el footing		p7	el atletismo		p9
el squash		p7	la gimnasia		p9
el baloncesto		p9	la natación		p9

¿Qué deporte practicas? 🔲 343

Soy Seve Ballesteros
y juego al golf.

Soy el rey. Practico deportes
acuáticos, sobre todo la vela.

The favourite sports in Spain are not necessarily the
same as in your country. Listen to the young
Spaniards, who are being interviewed for a survey,
and note down the sports mentioned.

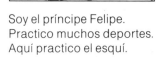

Soy el príncipe Felipe.
Practico muchos deportes.
Aquí practico el esquí.

Los deportes favoritos de tu clase

Do a similar survey to find the most popular sports of
your classmates.
The questions to ask are:
¿Qué deporte practicas?
¿Juegas al tenis / al fútbol?
¿Practicas el atletismo / la natación?
¿Haces ciclismo?

The table below will help with the answers.

Juego	al fútbol
	al hockey
	al baloncesto
	al tenis
	al squash
	al golf
Hago	(el) atletismo
	(el) ciclismo
	(el) esquí
	(el) jogging / footing
Practico	(la) equitación
	(la) natación
	(la) gimnasia

Los pasatiempos favoritos

Aquí otra encuesta reciente de 100 jóvenes
españoles.

Los pasatiempos favoritos	%
Estar con amigos / amigas	26
Bailar en discotecas	24
Hacer deportes	22
Ir al cine	22
Escuchar música	19
Salir de excursión al campo	18
Tocar un instrumento musical	16
Leer libros	15
Ir al teatro	14
Ver la televisión	11
Escuchar la radio	9

Nota: Se suma a más de 100 por respuestas
múltiples.

1　What is their favourite way of spending free time?
2　What is second favourite?
3　Which is more popular: playing a musical
　instrument or listening to music?
4　How many voted for reading books as a favourite
　pastime?

 ¿Qué haces en tus ratos libres?

Would young people in your country give the same answers?

Learn these phrases below, then you will be able to ask and answer questions about pastimes.

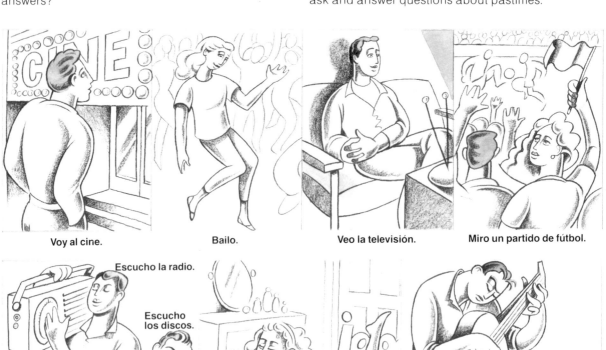

Voy al cine.

Bailo.

Veo la televisión.

Miro un partido de fútbol.

Escucho la radio.

Escucho los discos.

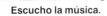

Escucho la música.

Leo un libro.

Toco la guitarra.

Toco el piano.

Toco la batería.

Toco la flauta.

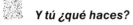 **Y tú ¿qué haces?**

Make as many statements about yourself as possible from this table. Make sure they make sense.

When you have done this you can put them together to form part of a letter about your interests.
Here are some similar paragraphs from young Spaniards. Use them as models for your letter.

Juego	los discos
Escucho	la radio
Toco	la guitarra
Practico	el piano
Veo	al fútbol
Voy	al hockey
Hago	(el) ciclismo
	(el) jogging
	la televisión
	a la discoteca
	al cine

Soy muy deportivo. Juego al tenis y al badminton en el verano y al fútbol y al baloncesto en el invierno. Por las tardes leo un poco o escucho discos o voy a la discoteca.

No practico muchos deportes. Hago un poco de gimnasia, pero prefiero leer o ver la televisión. Toco la guitarra y el piano y escucho mucha música. Los sábados voy al cine o a un concierto.

Durante las vacaciones juego al tenis y al golf. No juego al fútbol, pero miro los partidos del Real Madrid. Los fines de semana voy a las discotecas donde bailo (¡sólo bailes modernos!), o escucho la radio y mis discos en casa o en la casa de un amigo.

 ¿Qué te gusta? 🔲 382

Most people have very clear views on whether or not they like a particular sport or pastime. Here are the Spanish phrases you would need to find out this information.

¿Te gusta . . .?   ¿Te gustan . . .?
Sí, me gusta . . .   Sí, me gustan . . .
No, no me gusta . . .   No, no me gustan . . .

Listen to some people being interviewed about their sports and hobbies. Note down what each is asked about, and whether they like or dislike that sport or pastime.

Por ejemplo, si oyes:
– ¿Te gusta la televisión?
– Sí, me gusta la televisión.
Escribe: Televisión ✓
Pero, si oyes:
– ¿Te gustan los caramelos?
– No. No me gustan los caramelos.
Escribe: Caramelos ✕

Me gusta más

A Spanish friend from Madrid has gone to the Costa del Sol for the summer.
Here is part of a letter she writes to you.

> Málaga es una ciudad muy bella. Me gusta mucho pero me gusta más Torremolinos porque tiene muchas playas magníficas. Me gusta mucho ir a la playa porque me gustan los deportes acuáticos. En Málaga me gustan los monumentos como la Alcazaba y el Gibralfaro, pero creo que me gustan más los clubs y las discotecas. En Torremolinos sobre todo son muy animadas. Es una región muy interesante, lo único malo es que hay muchísimos hoteles y turistas. No me gustan todos los turistas que están en la playa y no me gustan los hoteles grandes por toda la costa.

1 Which does she like better, Málaga or Torremolinos? Why?
2 Where does she like to go in Torremolinos and why?
3 What does she like best about Málaga?
4 What else does she like, though not as much, in Málaga?
5 What is there about the area that she does not like?

Tus gustos

Tell a partner which you prefer from the pairs of words on the right.

Puedes decir:
o – Me gusta el cine pero me gusta más la televisión.
o – No me gusta el cine pero me gusta la televisión.

Find out whose likes and dislikes are closest to yours by asking other members of the class what they like best from these pairs.

Ejemplo:
– ¿Qué te gusta más, el cine o la televisión?
– Me gusta más la televisión.

1 a)	el cine	1 b)	la televisión
2 a)	el fútbol	2 b)	el tenis
3 a)	el atletismo	3 b)	el ciclismo
4 a)	el té	4 b)	el café
5 a)	la Coca Cola	5 b)	la limonada
6 a)	las patatas fritas	6 b)	las hamburguesas
7 a)	los helados de vainilla	7 b)	los helados de fresa
8 a)	los deportes	8 b)	las clases

Se busca corresponsal

Me llamo Pili Narvaez. Tengo 14 años. Me gustan todos los deportes. También me gusta la música pop. Quiero escribir a ingleses / inglesas de 13 a 16 años.
c/Goya 36, izda.
Madrid.

¡Hola! Tengo 16 años y me llamo Pepe Montero. Toco la guitarra y soy miembro de un grupo. Me gusta escuchar discos y más la televisión. Deseo ponerme en contacto con chicos / chicas de todos los países.
Avda Fernando el Católico, 24.
Valladolid.

¡Hola amigos!
Mi nombre es Carolina Jiménez. Tengo 15 años. Me gustan mucho los animales – tengo dos gatos y un perro. También me gusta leer y salir al campo.
c/de la Macarena, 49, 2° dcha.
Sevilla.

Me llamo José María Sancho. Me gustan el esquí y el baloncesto. Quiero escribir a chicos ingleses / americanos para practicar el inglés.
c/Santiago, 22
Lugo.

1 Which of these people likes pop music?
2 If you have a lot of pets, whom would you write to?
3 You want to write to a boy who likes sport. Whom would you choose?
4 If you like sport and music, whom will you choose?
5 Who likes neither sport nor music?
6 You would like to go on a winter sports holiday in Spain. Which of these people would probably like to go with you?

7 You play in a pop group. Which of these Spaniards would you have most in common with?

Use the examples above as models for writing similar details about yourself to be inserted in the penpal column of a Spanish magazine.

Ahora la prueba . . .

To prove that you know all this . . .
1 In Spanish, check again on the favourite sports and pastimes of five or six people in your class, then make up a chart to send to a Spanish exchange school.

2 Write a paragraph in Spanish to a Spanish friend mentioning five things that you like or dislike. Then ask questions to find out whether he or she likes: football, music, summer, records, sports or discos. Use your completed letter from page 81 as a model.

Ahora sabes . . .

Now you know . . .

how to ask and answer questions about sports you take part in:	¿Qué deporte practicas? Juego al tenis. Practico el jogging. Hago ciclismo.
how to ask and talk about hobbies and pastimes:	¿Qué haces en tus ratos libres? Toco la guitarra. Escucho la radio. Veo la televisión. Voy al cine. Bailo. Leo.
likes and dislikes:	¿Te gusta la música? ¿Te gusta hacer jogging / footing? ¿Te gustan los discos? Me gusta el cine. Me gusta leer libros. Me gustan los españoles. No me gusta el español. No me gusta bailar. No me gustan los exámenes.
the names of several sports:	el golf los deportes acuáticos el tenis la vela el fútbol la pesca el baloncesto la natación el esquí el jogging el squash el atletismo el ciclismo
the names of several pastimes:	tocar un instrumento leer un libro escuchar música, los discos, la radio ver la televisión ir al cine, al teatro, a las discotecas bailar salir al campo
the names of some musical instruments:	el piano la guitarra la batería las castañuelas la flauta
the words for summer and winter:	el verano el invierno
some useful words:	también algún (libro) a veces

Comprando Comida — En el restaurante y en el mercado

Here you will learn:
        about Spanish meals and food,
        how to read Spanish menus,
        how to order a meal and pay the bill,
        and how to buy food in a market.

La comida en España

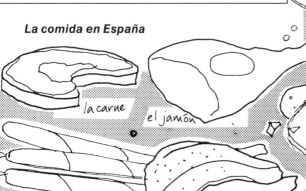

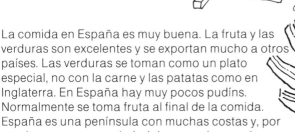

la paella

el gazpacho

la carne

el jamón

los huevos

el salchichón

la tortilla española

el pollo

el pescado

los mariscos

las verduras

las patatas

la fruta

La comida en España es muy buena. La fruta y las verduras son excelentes y se exportan mucho a otros países. Las verduras se toman como un plato especial, no con la carne y las patatas como en Inglaterra. En España hay muy pocos pudíns. Normalmente se toma fruta al final de la comida. España es una península con muchas costas y, por eso, hay una gran variedad de pescado y mariscos. También se come carne y pollo, carne cocida como el jamón de York y el salchichón y muchos huevos. Los platos españoles más famosos son la paella, la tortilla española y el gazpacho.

Los españoles comen dos comidas al día. Al desayuno (a las ocho o las nueve de la mañana) sólo toman una taza de café o chocolate, y pan o churros. A las dos o las tres toman la comida principal del día y comen tres platos. Cenan muy tarde (a las nueve o las diez de la noche), otra comida grande de dos o tres platos.

¡Vamos a ver si entiendes la lectura!

1   What is said about Spanish fruit and vegetables?
2   How do you know that vegetables are an important part of a Spanish meal?
3   Why is a lot of fish and shellfish eaten in Spain?
4   Which are probably the best known Spanish dishes?
5   What do Spaniards have for breakfast?
6   When do they have lunch?
7   At what time do they have their evening meal?
8   How many courses do they have for lunch and their evening meal?

¡Compara la comida española y la comida inglesa!

A Spanish friend has sent this description of typical meals in his house.

Desayuno	comida del mediodía		
	Primer plato	Segundo plato	Postre

La Cena

Primer plato	segundo plato	Postre

Para el desayuno no tomo mucho; sólo una taza de café y un poco de pan. A las dos y media para la comida principal del día como, de primer plato, verduras (por ejemplo, guisantes con jamón), de segundo, carne (una chuleta de cerdo, por ejemplo, ensalada y patatas fritas), y para postre, fruta. Para la cena, que se toma en mi casa a las diez de la noche, normalmente hay sopa, un segundo plato de pescado o huevos (una tortilla francesa, quizás) con ensalada y pan; otra vez, para el postre, tomamos fruta.

¡Escuchad! 🔊 ~~409~~ Side 2 008

The meals opposite are quite different from those in Britain, as the two Spaniards on the tape discovered when they came to stay with British families. These words will help you to understand better.

los cereales	cereals
el pan tostado	toast
un huevo frito	a fried egg
la mantequilla	butter
la mermelada	jam or marmalade
el yogur	yoghourt
el pudín	pudding
la salsa	sauce or gravy or custard
las galletas	biscuits

1. What does Paco have for breakfast in Spain?
2. What do the two English families mentioned have?
3. What did the boys find strange about the English midday meal?
4. What did their two sets of friends have at lunchtime?
5. What did the boys think was the only thing the English had in the afternoon or early evening?
6. What food did the English families have in the evening?
7. Why was one of the boys disappointed at his normal supper time?

Mis comidas típicas

Use the letter from the Spanish boy on the page opposite as a model for a letter of your own, describing your typical meals to a Spaniard.

En el mercado

If you can visit a market whilst you are in Spain you will learn about their marvellous range of fruit, vegetables and fish before you try them for yourself.

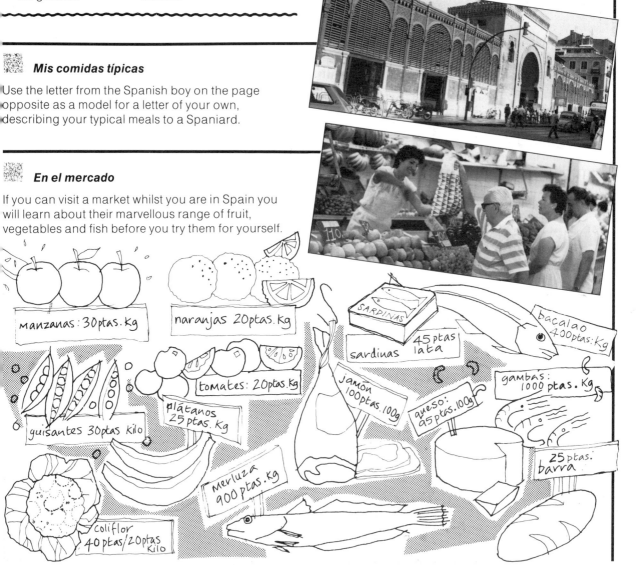

manzanas: 30 ptas. kg

naranjas 20 ptas. kg

SARDINAS

sardinas lata 45 ptas

bacalao 400 ptas. kg

tomates: 20 ptas. kg

jamón 100 ptas. 100g

queso: 95 ptas. 100g

gambas: 1000 ptas. kg

plátanos 25 ptas. kg

guisantes 30 ptas kilo

merluza 900 ptas. kg

25 ptas. barra

coliflor 40 ptas/20 ptas kilo

Me pone . . . 📼 O48

If you decide to buy some food, the conversation will go something like this:

Cliente:	– Buenos días.
Tendero/a:	– Buenos días, ¿qué quiere?
Cliente:	– ¿Me pone cien gramos de jamón, por favor?
Tendero/a:	– Muy bien, ¿algo más?
Cliente:	– No gracias. ¿Cuánto es?
Tendero/a:	– Setenta pesetas.

Listen to the people on the tape. Decide what they want and how much they ask for.

Una comida de excursión

Aquí tienes una lista de ingredientes típicas para hacer una comida de excursión (un 'picnic').

pan (1 barra)	sardinas (una lata)
jamón de York (100 g)	manzanas (½ kg)
queso (100 g)	

Practise with a partner, asking for these items. Use the dialogue 'Me pone . . .' as a model.
These phrases will help:

cien gramos de . . .	una lata de . . .
doscientos gramos de . . .	una barra de . . .
quinientos gramos de . . .	

 Tengo hambre

Here are some phrases that you will need after seeing all this food:

Which of the phrases is needed in these cases?

Tengo hambre	I'm hungry
Quisiera comer	I'd like to eat
Tengo sed	I'm thirsty
Quisiera beber	I'd like to drink
¿Tienes hambre?	Are you hungry?
¿Quieres comer?	Do you want to eat?
¿Tienes sed?	Are you thirsty?
¿Quieres beber?	Do you want to drink?

 En el restaurante

If you go to a restaurant, try the set menus for best value.

Which items occur on all these menus?
Which menu would you choose? Why?

Restaurante El Bosquecillo

Menú Especial 375 ptas.

1. Paella
   Paella
2. Huevo con tomate
   Fried egg in tomato sauce
3. Postre
   Dessert
4. Pan
   Bread

Menú Especial 500 ptas.

1. Entremeses
   Hors d'oeuvres
2. Huevo con Tomate
   Fried egg in tomato sauce
3. Bistec (Filete)
   Fillet steak
4. Postre
   Dessert
5. Pan
   Bread

Menú Especial 600 ptas.

1. Ensalada
   Salad
2. Fabada Asturiana
   Stew with beans
3. Huevo con Tomate
   Fried egg in tomato sauce
4. Postre
   Dessert
5. Pan
   Bread

¿Tiene una mesa libre? 📼 92

¿Tiene una mesa libre, por favor? — Do you have a free table?

¿Para cuántas personas? — For how many people?

Para tres / cuatro. — For three / four.

Sí, pasen por aquí, por favor. — Yes, please come this way.

No, lo siento. No hay nada. — No, I'm sorry. There's nothing.

Two groups of people on the tape want a table in a restaurant. Find out how many are in each group and whether they get a table.

Use this dialogue to ask for a table yourself. Decide how many people are in your group. Work with a partner; take turns at being the customer and waiter or waitress. Try to imitate the accent of the people on the tape as closely as possible.

Camarero/a: — Buenos días, señores.
Cliente: — ....
Camarero/a: — Pues sí, pasen por aquí, por favor.

La carta, por favor 📼 109

Here's how to ask for the menu in a restaurant:
- ¡Oiga, camarero!
- Sí, dígame, ¿qué desea?
- Me trae la carta, por favor.
- En seguida, señora.

Find out what your friends would choose from this menu. Tell them what you would like best, too.

Use this dialogue as a model.

Tú: — ¿Qué te gusta?
Amigo: — Me gusta el pollo.
Tú: — Y ¿te gusta la chuleta de cerdo?
Amigo: — No, no me gusta el cerdo, me gusta más el pollo. ¿Y tú?
Tú: — Me gusta la merluza y también me gustan las gambas.

Sopas y Entremeses		**Soups and Starters**
gazpacho	150	cold tomato, cucumber & onion soup
sopa de cebolla	110	onion soup
sopa de ajo	110	garlic soup
ensalada	175	salad

Verduras y Legumbres		**Vegetables**
guisantes con jamón	180	peas with ham
judías verdes	180	green beans
champiñones	200	mushrooms
patatas fritas	150	fried potatoes

Huevos y Tortillas		**Eggs & Omelettes**
huevos con tomate	150	eggs with tomato sauce
huevos revueltos	140	scrambled eggs
tortilla española	150	potato & onion omelette
tortilla francesa	175	omelette

Arroz y Pastas		**Rice & Pasta**
paella	300	paella

Pescados y Mariscos		**Fish & Shellfish**
merluza a la romana	500	hake in batter
bacalao a la vizcaina	350	dried cod in tomato sauce
gambas a la plancha	350	grilled prawns

Carnes		**Meat**
pollo asado	250	roast chicken
filete de ternera	400	veal escalope
chuleta de cordero	250	lamb chop
chuleta de cerdo	250	pork chop
bistec	475	steak

Postres		**Dessert**
helado	150	ice-cream
flan	125	caramel custard
fruta del tiempo	150	fruit in season
queso	200	cheese

 ¡Hay que escoger!   135

Listen to the people on the tape who are ordering a meal in a restaurant. Note down what each person orders for each course.

 La cuenta

If you want to be polite, say:
¿Me trae la cuenta, por favor?

 Para mí . . .

Here is a dialogue very similar to those on the tape, but with the choice of food left out.

Cliente:	– ¡Oiga, camarero!
Camarero/a:	– Sí señorita, dígame, ¿qué va a tomar?
Cliente:	– Para mí, de primero ....
Camarero/a:	– ¿Y después?
Cliente:	– Después, de segundo ....
Camarero/a:	– Y ¿para beber?
Cliente:	– ...., por favor.
(Más tarde)	
Camarero/a:	– ¿Qué quieren de postre, por favor?
Cliente:	– Pues, para mí ....
Camarero/a:	– ¿Van a tomar café después?
Cliente:	– Sí ....
Camarero/a:	– Muy bien. En seguida.

Practise this dialogue with a partner, putting in the dishes you chose when you looked at the menu. Take turns at being the customer or the waiter or waitress and order a different meal each time. The one who is the waiter or waitress must note down the order and read it back at the end to check. The way to do that is to say:
– Muy bien. Son ....
and then list what has been asked for.

Mesón del Rastro

	Sopas	2	220
	Guisantes	1	180
Pescado	Merluza	1	500
Carnes	Pollo	1	350
	Cerdo	1	360
	Postres	3	600
	Cafés	3	180
	Vino		250
	TOTAL		2640
	más IVA		260
			2900
Servicio incluido			

1 Is the bill above correct?
2 Has service been included?
3 Can you work out from the bill how to write VAT in Spanish?

Ahora la prueba . . .

To prove that you know how to do these things . . .

1 Write out a typical menu from a restaurant and then translate it into Spanish for the benefit of Spanish visitors to Britain.

2 Pretend you have taken a Spaniard to a restaurant in Spain. Ask the Spaniard what he or she wants to eat. Decide what you want too, then (with your partner as the waiter or waitress as well) give the order.

The conversation will be something like this:

Tú:	– ¿Qué quieres comer?
Amigo/a:	– De primer plato, la sopa y después, la merluza.
Tú:	– ¿Y para postre?
Amigo/a:	– Flan, por favor.
Camarero/a:	– Sí. ¿Qué desea?
Tú:	– Sopa, merluza y flan para mi amiga, y paella, pollo asado y helado para mí.

UNIDAD 11

Ahora sabes . . .
Now you know . . .

how to buy food in a market:	¿Me pone un kilo de tomates?
how to ask for certain weights and quantities:	¿Me pone cien gramos de jamón? doscientos gramos de queso
how to state what you would like:	Quiero medio kilo de tomates. Un kilo de plátanos, por favor. Quisiera la paella.
how to understand the headings on a Spanish menu:	los entremeses la sopa, las verduras las legumbres, el arroz, los huevos el pescado, la carne el postre
how to say you are hungry or thirsty:	Tengo hambre. Tengo sed.
how to understand the waiter's questions:	¿Qué van a tomar? ¿Qué quieren de postre? ¿Para beber?
how to make a choice from the menu:	Para mí, la paella De primero, la sopa de cebolla Después, de segundo, una chuleta De postre, helado de . . .
how to ask for the menu / bill:	La carta, por favor. ¿Me trae la cuenta?
some words connected with meals and food:	el desayuno comer la comida beber la cena el plato la carta
the names of some items of food:	el gazpacho los mariscos la paella la merluza la ensalada el bacalao los guisantes las gambas las judías la naranja el tomate el plátano el jamón el flan el queso la chuleta el pollo

En la farmacia

> **In this unit you will learn:**
> how to say you are feeling unwell,
> what to do when you are feeling ill.

 ¡Busca una farmacia!

Don't let minor ailments such as sunburn or an upset stomach spoil a visit to Spain. Look at the lists below and then answer these questions.

1 It's 3 o' clock in the morning. Which list would you look at for the closest chemist's, which is open?

2 It is lunchtime in Spain (about 2 p.m.). Which list or lists would give you the name of a chemist's which is open?

3 Your hotel is in the Gran Vía. Which chemist's is probably nearest?

Servicio farmacéutico

**Abiertas todo el día
De 9 horas de hoy
a 9 horas de mañana**

Alfonso: Av. Hospital Militar, 125. T. 247-23-20; Bros: Mallorca, 131. T. 253-41-06; Cuxart: Las Torres, 58. T. 350-49-83; Ferrán: Escocia, 71-73. T. 251-45-23; Ferrán: Valle Ordesa, 10. T. 229-59-18; Font: Caspa, 15. T. 231-94-06; Lloret: Rda. San Pablo, 51. T. 241-25-44; Mestre: Sants, 145. T. 339-56-44; Morales: Gran Vía, 1.132 (entrada c. Paraguay local, 14). T. 313-84-00; Piqueras: P.° Manuel Girona, 6. T. 203-81-89; Plana: Clot, 114. T. 231-91-57; Rubiralta: Nou de la Rambla, 28. T. 318-49-42; Suñer: P.° San Juan, 111. T. 257-53-72.

**DE 9 MAÑANA
A 10 NOCHE**

FARM. MARTI LLEDO
P.° Gracia, 59. T. 215-19-59
**FARMACIA DR. SERRA
CENTRO DE ESPECIFICOS**
T. 218-33-65 y 217-71-43
Diagonal, 478 (V. Augusta)
C. ESPECIFICOS PROVENZA
Farm. Dr. Suñer. P.° S. Juan, 111
Provenza, 370. T. 257-53-73
FARM.° M. J. CAMPS
Planeta, 39. T. 218-77-67
(M. Pelayo-Pza. Sol)
**FARM. C. ESP. MONTSERRAT
M. I. ESPINOSA GIMENEZ**
Ramblas, 118 (Puestaferrisa)
T. 302-10-19 y 302-43-45

FARM. M.° A. RUBIRALTA
Nou de la Rambla, 28
Tel. 318-88-29
F. PIQUERAS. T. 203-81-89
P.° M. Girona, 4 (Av. Victoria)
DAVID BROS. Mallorca, 131
esq. Villarroel
FARM. M.° P. GINE
Av. Sarriá 125. T. 204-82-63
Fte. R.C.D. Español

**DE 9 A 1.30 Y DE 4.30
A 10 NOCHE**

FARM. VILADOT. Amigó, 30
esq. Porvenir. 200-37-30
FARM. DOMINGUEZ SORS
Meridiana, 344, jto. a Sears
FARM. PELAYO RUBIO
Plaza Real, 13 T. 318-33-48

 Urgencias

In case you need more than a chemist's . . .

1 Which number would you phone for the ambulance?
2 You need to go to the Social Security clinics for cheap or free treatment. Can you work out which is their emergency number?
3 Two other emergency clinics are listed. Can you work out which they are?

URGENCIAS

Servicios médicos: Ambulancias municipales, 252 32 64 / Centro de Quemados de la Cruz Roja, 244 52 07; Lisboa,6 / Equipo Quirúrgico 1, 401 81 50; Montesa, 22 / Equipo Quirúrgico 2, 471 03 50; General Ricardos, 14 / Equipo Quirúrgico 3, 477 12 12; Concordia, 15 / Intoxicaciones, 232 33 66; Farmacia, 9 / Oxigenoterapia, 764 33 76; Moratalla, 2 / Unidad coronaria de la Cruz Roja, 234 88 66 / Centro de Drogadictos, 430 60 77; Marroquina, 22 / Urgencias de la Seguridad Social, 734 55 00 / Urgencias de La Paz, 734 26 00 / Urgencias del Primero de Octubre, 469 76 00.

En la farmacia 🔊 *161*

una caja de aspirinas

una caja de tiritas

crema para picaduras y quemaduras

una picadura

una quemadura

Find out what the people on the tape asked for. Did each want a large or small packet or a large or small tube?

¿Tiene aspirinas?

– ¿Tiene aspirinas?
– Sí. ¿Quiere una caja grande o pequeña?
– Una caja pequeña, por favor.
– Muy bien.

Work with a partner. Make up similar dialogues. Ask for all the items in the drawings: una caja de tiritas, crema para picaduras, etc.

Take turns at being the customer and the chemist. The one who is the chemist must point to the picture of what has been asked for. Who thought up most variations (large packets, small packets, etc.)?

Los robots domésticos lo hacen todo

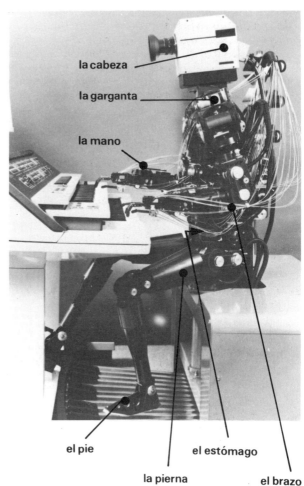

la cabeza
la garganta
la mano
el pie
el estómago
la pierna
el brazo

Aquí, el último modelo de un robot que hace todo el trabajo de la casa. Lleva una pequeña computadora en la cabeza y una serie de botones en el estómago para 'programarlo'. En la garganta tiene una mini-casete y así puede hablar. Dice 'Sí, señora', 'En seguida, señor', 'La comida está preparada' y muchas cosas más.

1 How do you programme the robot to do housework?
2 What runs it?
3 What makes it speak?
4 Can you work out what it says?
  Think of some other phrases that you could programme it to say.

Ejemplos:
– Dígame. (*to answer the phone*).
– Muchas gracias.
– Aquí tiene.

Los problemas y los remedios

You would need an engineer to mend the robot if it went wrong, but the chemist will be able to provide remedies for your ailments.

los problemas

la tos

el catarro

el dolor de cabeza

el dolor de estómago

una quemadura

una picadura

una insolación

los remedios

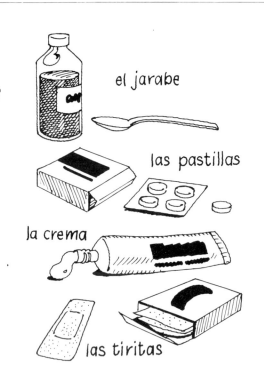

el jarabe

las pastillas

la crema

las tiritas

Ejemplo:

– Buenos días.
– Buenos días, ¿qué desea Vd?
– ¿Tiene algo para la tos?
– Sí, este jarabe es muy bueno.
– Muy bien, me lo llevo.

Practise this dialogue with a partner after you have heard it on the tape.

Then do the same with these other dialogues.
Try to imitate the accents of the people on the tape.

1   – Buenas tardes, señorita.
    – Buenas tardes, ¿qué quiere?
    – ¿Tiene algo para el catarro?
    – La aspirina y zumo de limón es lo mejor que hay.
    – Pues, una caja de aspirinas, entonces.

2   – Buenos días, señora.
    – Buenos días, ¿en qué puedo servirle?
    – ¿Tiene algo para el dolor de cabeza?
    – Estas pastillas son muy buenas.
    – Muy bien. ¿Cuánto valen?
    – Doscientas pesetas.

3   – Buenas tardes, señor.
    – Buenas tardes, ¿qué desea?
    – ¿Tiene algo para una insolación?
    – Unas pastillas de aspirina son muy buenas para el dolor de cabeza, y para las quemaduras de sol hay esta crema.
    – Muy bien, ¿cuánto cuestan?
    – Las pastillas son doscientas pesetas y la crema doscientas cincuenta.
    – Bueno. Las dos, entonces.

Anuncios para remedios

Look at these adverts and try to answer the questions below. Don't worry if you can't understand every word.

1 Name the ailments that **Crema Rodelan** is a remedy for.
2 Where is the only place you can buy this cream?
3 Can you understand any of the claims that are made about the cream?
4 What is **Calmante Vitaminado** good for?
5 Most medicines carry some sort of warning. Someone you know wants to take **Calmante Vitaminado**. Give all the advice you can about when it should or should not be taken.

Pequeñas heridas y quemaduras Piel lastimada?

Han dejado de ser un problema gracias a la crema Rodelan

Antiséptica y cicatrizante, la Crema Rodelan calma las quemaduras, evita la infección y facilita la cicatrización de rasguños y pequeñas heridas. Suprime las irritaciones. Normaliza y protege la piel lastimada.

Indispensable en todo botiquín familiar.

CREMA RODELAN
antiséptica · ideal para la salud de la piel
Venta exclusiva en Farmacias.

NO SE DETENGA

POR UN DOLOR DE CABEZA   **POR UN DOLOR MUSCULAR**   **POR UN CATARRO**

Calmante Vitaminado alivia dolores de cabeza.
Y musculares. Neuralgias y síntomas de resfriado.
Calmante Vitaminado, para que Vd. no se detenga.

CALMANTE VITAMINADO
Micronizado

Use los medicamentos con precaución. Contraindicado en úlcera gástrica.

¿Qué le pasa? 🔊 225

Learn to tell people where your aches and pains are, and then they will be able to help.

This is what you will be asked:
¿Qué le pasa? What's the matter? (said to a stranger)
¿Qué te pasa? What's the matter? (said to a friend)

Here are some useful replies:

~~~~~~

No me encuentro bien   I don't feel well
Tengo fiebre   I have a temperature
Tengo dolor de garganta
Me duele la garganta   } I have a sore throat
Tengo dolor de muelas
Me duelen las muelas   } I have toothache

~~~~~~

Listen to the people on the tape, and note down what is wrong with each person.

¿Qué te duele?

Tengo dolor de Me duele	(la) cabeza (la) garganta (el) estómago (el) brazo
Me duelen	las muelas las piernas los pies

Work with a partner. Take turns at being someone who is asking what is hurting and suggesting a remedy.
Use these dialogues as models.

1   – ¿Qué te duele?
    – Me duelen las muelas.
    – ¿Quieres una aspirina?
    – Muchas gracias.

2   – ¿Qué le duele?
    – Tengo dolor de garganta.
    – Este jarabe es muy bueno para la garganta.
    – Ah, gracias.

Ahora la prueba . . .

To prove you know all this . . .
1   You and your partner both make a list of six complaints. Tell each other what is wrong. Suggest remedies for your partner's complaints. He or she must write these down.

2   Various friends have written to you to suggest that you do the following things together:

> ir a la playa
> visitar los monumentos
> comer en un restaurante
> ir al cine
> ir a la piscina
> hablar con otros amigos
> estudiar

Write a short note back to each one explaining that you are ill. Use this note as a model.

> Lo siento. No puedo ir a la playa hoy. Tengo una insolación.

UNIDAD 12

Ahora sabes . . .

Now you know . . .

how to ask for items in a chemist's shop:	¿Tiene aspirinas? ¿Tiene tiritas?
medicine for a specific complaint:	¿Tiene algo para la tos? ¿Tiene algo para el dolor de cabeza?
how to understand questions about health:	¿Qué te pasa? ¿Qué te duele?
how to say you feel unwell:	No me encuentro bien.
what is wrong with you:	Tengo fiebre. Tengo una insolación.
what is hurting:	Tengo dolor de garganta. Me duele el estómago. Me duelen las muelas.
the names of some common complaints and injuries:	el catarro una quemadura la tos una picadura la fiebre una insolación el dolor de cabeza
the names of some common remedies:	las pastillas la crema las tiritas el jarabe una caja de aspirinas

UNIDAD 13

En el hotel y en la pensión

<table>
<tr><td>
Here you will learn how to:
book rooms in a hotel or guesthouse,
get the service you need in a hotel or guesthouse.
</td><td>
HOTEL LAS VEGAS</td></tr>
</table>

 ■ una habitación individual .... con baño

■ una habitación doble .... con ducha

 ■ una habitación de tres camas .... con lavabo

■ una habitación con cama matrimonial

 Una carta a un hotel

To write your own letter to a hotel, insert the type of room you want and the details of your stay into a model letter such as this:

```
El Gerente
Hotel Las Vegas
Paseo de la Sancha, 22
Málaga                              York, el 15 de mayo de 1987

Muy señor mío:
        Quisiera reservar una habitación doble con baño,
y una habitación individual con ducha para una semana
del 16 al 23 de agosto.  Le ruego me mande también una tarifa
de precios.
        Atentamente    Jim Nicholls
```

 Una lista de hoteles, por favor

If you haven't booked in advance, get a list of hotels and **pensiones** (guesthouses) from the **Oficina de Turismo**.

Whilst you were in the Tourist Office several other people came in to enquire about accommodation. Which hotel or guesthouse would they choose if they wanted:

1 Full board in a reasonably priced hotel?
2 The cheapest place for a double room with bath?
3 Bed and breakfast for less than 2.000 ptas.?
4 A room with a bath for less than 1.000 ptas.?
5 A large hotel where bed and breakfast would cost no more than 1.500 ptas.

CATEGORIA Y GRUPO	MODALIDAD	ESTABLECIMIENTO	ITE 5%	TEMPORADA ALTA MEDIA BAJA	N.º DE HA. BITACIONES	HABITACION DOBLE		DESAYUNO	COMIDA O CENA
						BAÑO	LAVABO		
1	2	3	4	5	6	7	8	9	10
H ☆		**Aurora ●** Muro de Puerta Nueva, 1 ☎ 224004 D. José Cárdenas Jiménez		1/ 1-31/12	9		2000	80	500
H R ☆		**Bernardo ●** Comedias, 15 ☎ 214892 D. Antonio Galán Navas		1/ 7-30/11	5		1400		
H R ☆		**Buenos Aires ●** La Bolsa, 12 ☎ 218935 D.ª Dolores Jiménez Pérez		1/ 1-31/12	8		1800		
H		**Casa Vasca ●** Avda. Doctor Gálvez Cinachero, 14 ☎ 231841 D. José Atorrasagasti Mauterola		1/ 1-31/12	13		900	90	500
H ☆		**Castilla ● ⊼** Córdoba, 5 ☎ 228637 D. José de Haro Guerrero		1/ 1-31/12	7		1800	200	800
H R ☆		**Chinitas ● ⊼ $ ☑ ▥ ▦** Pasaje Chinitas, 2 ☎ 214683 D.ª Ana María Escobar Pedregosa	SS	1/ 7-30/ 9 1/10-30/ 6	7		1600 1400		
H R ☆☆		**Larios Cuatro ● ▥ ▦ ⊡** Marqués de Larios, 4 ☎ 211531 D. Jorge García Lahesa		1/ 6-30/ 9 1/ 1-31/ 5 1/10-31/12	39	1300 1200 1100		100	
H R ☆☆		**Lydia** Gerónimo Bobadilla, 3 ☎ 313350 D. Nicanor Martínez Burgos		1/ 7-30/ 9 1/ 4-30/ 6 1/10-31/ 3	17	1900 1650 1500	1600 1420 1320		
H R ☆☆		**Madrid ●** Marín García, 4 ☎ 217954 D.ª Carmen Sánchez Contreras		N 1/ 6-30/ 9 SS 1/10-31/ 5	10	2600 2500	2050 1850	175	
H R ☆☆		**Mar y Cielo ● ⊼ $ ▥** San Juan de Dios, 1 ☎ 216445 D.ª Teresa Blanco Bandera		1/ 1-31/12	13	1200	900		
H R ☆☆		**Pries** Avda. de Pries ☎ 221377 D. Antonio García López		1/ 4-30/ 9	10	750	625		
H R ☆☆		**Roma ● ▦** Molina Larios, 10 ☎ 210453 D. Mohamed El Duhabi	ITE	1/ 1-31/12	33	2000		150	

 En el hotel   *256*

Si no has reservado una habitación, pregunta en un hotel o una pensión de la lista.
– Buenos días.
– Buenos días señorita. ¿Qué desea?
– ¿Tiene una habitación libre, por favor, para esta noche?
– ¿Doble o individual?

– Doble y con baño, por favor.
– Pues, sí, hay una.

Before you practise this dialogue, listen to the people on the tape. Note down the type of room they want, and for how many nights. If they don't get what they ask for at first, note what they are offered.

 ¿Y para cuántas noches?

Practise with a partner asking for these rooms. The numbers refer to the number of nights.

Ejemplo:

Recepcionista: – Buenas tardes. ¿En qué puedo servirle?
Cliente: – ¿Tiene una habitación individual, por favor?
Recepcionista: – ¿Con baño o con ducha?
Cliente: – Con ducha.
Recepcionista: – ¿Y para cuántas noches?
Cliente: – Para dos noches, por favor.
Recepcionista: – Pues sí, tenemos una.

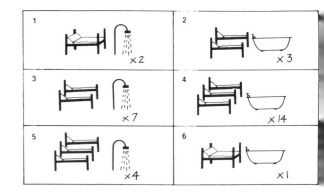

 ¿Pensión completa? 290

Hotel Cervantes

	Acomodación requerida	Desayuno	Media Pensión	Pensión completa
Sr Sánchez	**Doble**		✓	
Srta González	**Individual**			✓
Los Sres de Alonso	**Doble**	✓		
La Familia Carrero	**Triple**			✓

desayuno	breakfast
media pensión	half board
pensión completa	full board

This is the booking register of the Hotel Cervantes in Torremolinos after the people on the tape had booked in. Listen and decide who is speaking in each case.

 ¿Y vosotros? 325

Listen to these conversations between different groups of friends who meet in the same hotel. Decide which of these rooms belongs to each speaker.

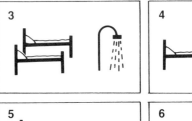
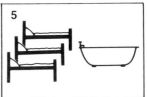
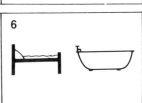

La llave, por favor

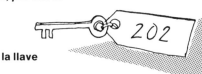

la llave

– La llave, por favor.
– ¿Qué número de habitación?
– La doscientas dos.

Every time you come back to the hotel you will need to ask for your key. Take turns with a partner to practise asking for these keys. Use the above dialogue as a model.

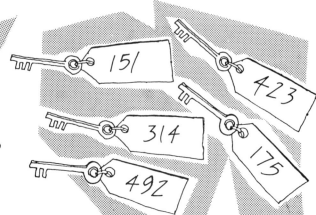

El Hotel Las Vegas

Your family is looking for a modern, comfortable hotel in Málaga. Read this quickly and find out if you think the hotel would be suitable.·

Hotels do their best to offer their guests every comfort and facility.

1   What else, besides a private bathroom, will you find in all the rooms?
2   Where would you sit to sunbathe without going down to the swimming pool?
3   Where can you eat and drink in the hotel?
4   Can you find out anything special about the swimming pool?
5   Where could you leave your car?

De reciente y moderna construcción, situado a veinte metros del mar, con vistas a la montaña, en plena zona residencial, ofrece a su distinguida clientela todas sus espaciosas habitaciones con lujosos cuartos de baño, radio, teléfono y calefacción central. Todas las habitaciones poseen amplias terrazas privadas, cómodamente acondicionadas para un perfecto descanso. —Dominando el mar, su restaurante le brinda los típicos platos del país, así como una esmerada cocina francesa. —Dos magníficos bares americanos perfectamente atendidos por personal seleccionado. —Amplios salones con vista a la montaña. —Piscina con agua purificada en el majestuoso marco de su jardín tropical. —Igualmente pone a la disposición de sus clientes un amplio parking.

101

No funciona o **No hay**  358

Even in the best hotels things occasionally go wrong.

Listen to the people on the tape. Write down what is missing or not working in each room. Note also the number of each room.

El ascensor no funciona.

La luz no funciona.

El retrete no funciona.

No hay jabón.

No hay agua.

No hay papel higiénico.

No hay toalla.

Ahora la prueba . . .

To prove that you know this . . .

1 You are acting as a courier, making a booking for a group of people who all want different kinds of rooms. Work with a partner. Ask for as many different types of room as you can think of (e.g. double room with shower, single with bath). Your friend must note them down and check that the booking is right at the end.

2 The same group of people all have different ideas about the meals they want. Using the list of rooms you have made, state what each guest wants: bed and breakfast, full or half board.

3 Now some of them have complaints about their rooms, and about things which are missing or not working. Work with your partner who plays the part of the receptionist. Tell him or her what is missing or not working, and give a room number in each case.

Ahora sabes . . .

Now you know . . .

how to ask if a hotel has a free room:	¿Tiene una habitación libre, por favor?
how to state the type of room you want:	Quisiera una habitación doble. Quisiera una habitación individual.
whether you want a bath or shower:	Quisiera una habitación doble con ducha. Quiero una habitación de tres camas con baño.

whether you want full board:
   half board:
   just breakfast:
	Quiero pensión completa.
	Quisiera media pensión, por favor.
	La habitación y desayuno sólo.

how to ask the times of meals:	¿A qué hora se sirve { el desayuno? el almuerzo? la cena?
for the key to your room:	La llave, por favor.
how to report items missing or not working:	No hay jabón en mi cuarto de baño. La luz no funciona.
the names of some toilet items:	el jabón el papel higiénico la toalla
the names of some items in the hotel:	la luz el ascensor el retrete

¿Qué vas a hacer?

Here you will learn how to:
talk about the future,
make arrangements.

 Un horario diferente

Your Spanish penfriend has written to tell you about what she will be doing during the holidays. To show how this will differ from her normal day, she has illustrated a term-time day and a day in the holidays.

Un día de colegio

7.30   Levantarme

9.00   Ir al colegio

2.00   Comer

4.00   Ir al colegio otra vez

6.00   Volver a casa

Un día de vacaciones

10.00   Levantarme

11.30   Ir a la playa

2.00   Comer con amigos

5.00   Salir a una cafeteria

8.00   Ir a la discoteca

7.00   Estudiar

10.30   Cenar

9.30   Cenar

12.00   Acostarme

11.00   Acostarme

1   What time does she get up during term-time and during the holidays?
2   Where is she going to spend the mornings during the holidays?
3   What does she do in the afternoon during term-time? What does she do in the holidays?
4   How is she going to spend her evenings in Málaga?
5   What time will she go to bed during the holidays. Is this earlier or later than during term-time?

Ahora, en los días de colegio no hago mas que ir al colegio, estudiar y comer, pero las vacaciones empiezan en julio y voy a ir a málaga a casa de mi abuela. Allí voy a levantarme a las diez y voy a ir a la playa toda la mañana. Por la tarde voy a salir a una cafetería o ir a una discoteca y no voy a acostarme hasta medianoche.

 Tu día

Can you do a similar plan of your typical day during term-time?

105

¿Qué vas a hacer? 🔲 394

The young people on the tape are discussing where to go later on. Listen to their conversations, and find out which of the activities illustrated below they decide upon.

1   ir a la discoteca

3   estudiar

2   ir a la playa

5   jugar al tenis

4   salir a una cafetería

6   ver la televisión

¿Adónde ir?

Here are some more ideas of where to go if you were asked – ¿Qué vas a hacer?

CARTELERA

SALAS DE FIESTAS

DON CHUFO (Tel. 321-47-49 y 321-30-11). Todas las noches a las 11 h. baile. De lunes a jueves 1.15 h. y viernes y sábados 1.30 h. **"Locura de humor"**, con Javier de Campos y Godoy.

BINGOS

BINGO CASINO DE MADRID. (Rosario Pino, 14-16. Madrid, frente a Scala Melià), abierto todos los días. Horario de juego: 5 tarde a 3 madrugada, vísperas festivos, 3.30 madrugada. Parking clientes. Esmerado servicio de restaurante.

DISCO ESPECTACULOS

C. MUNTANER, n.° 4. Telfs. 254-59-85 y 254-59-74. Discoteca de 18.30 a 22 horas. Disco-Espectáculo de 23 a 3.30 horas. Presenta: "**Movie-Music Show**". Laborables 900 ptas. Viernes 1.000 ptas. y vísperas festivos 1.200 ptas. Créperie. Lunes cerrado.

SALAS DE BAILE

BAHIA. Sábado, tarde y noche; domingo, tarde, baile con la **Orq. Constelation.** Si le gusta el baile, debe conocer Bahia. Olcinellas, 31.

ATRACCIONES

BOLERA BOLICHE (Diagonal, n.° 508. T. 218-44-64). Automática. De 5 tarde a 2 noche.

MINI GOLF (Gran Via, 399). Unico cubierto. Horarios lab.: de 5 tarde a 2 noche. Festivos: de 10 a 2, tardes de 5 a 2 noche.

MUSEO DE CERA. Rambla Sta. Monica, 4 y 6. (Atarazanas). Galería de Personajes de la Historia y la actualidad. Horario de 11 a 1.30 y de 4.30 a 7.30 Sábados y festivos hasta las 8.

SKATING-PISTA DE HIELO. Roger de Flor, 168. T. 245-28-00. Lunes, cerrado. Martes a jueves: 10.30-1.30 y 5.30-11. Viernes: 10.30-1.30, 5.30-8.30 y 10.15-1 madrugada. Sábados 10.30-1.30, 4.30-8.30 y 10-1 madrugada. Domingos: 10.30-1.30 y 4.30 a 10. Aprenda a patinar en nuestra escuela.

TIBIDABO. El Parque de Atracciones de Barcelona. Lunes y martes, atracciones cerradas. De miércoles a viernes, zona superior abierta de 11.15 h. a 14 h. y de 15 a 17.45 h. Sábados, domingos y festivos, todo abierto de 11.15 h. a 15 h. y de 16 h. a 19.45 h. Disfrute los sábados y domingos de todas las atracciones del Parque con el sensacional **Tibi Passaport.** Información en tel. 211-79-42 y 211-79-90.

---

1. a) It's Monday and you want to go somewhere to dance. Where could you go?
   b) How much will the disco cost if you go on a weekday?
2. a) You want to play Bingo. What seems to be the best way to get there?
   b) When are the Bingo halls open?
3. It's Saturday lunchtime. Your friend wants to go either to the **Bolera** to play ten-pin bowling, or to play minigolf. Which will you have to choose?
4. You are in Barcelona and you'd like to go to the amusement park at Tibidabo. When could you go?
5. You are interested in going to the Waxworks (**Museo de Cera**) but it's getting late. At what time do they close?
6. You'd like to go skating, but don't know when. On which days is the rink open longest?

¡Te toca a ti!

Choose five activities that would interest you from this list.

jugar al tenis	bailar en una sala de fiestas
ir al cine	visitar el parque de atracciones
salir a una cafetería	
jugar al bingo	ir al museo de cera
ir a la playa	ver la televisión
estudiar	ir la la bolera
jugar al minigolf	ir a la pista de hielo

Take turns with a partner asking what the other is going to do. If the activity he or she mentions is on your list, agree to go, using this conversation as a model.

– ¿Qué vas a hacer esta tarde?
– Voy a jugar al fútbol. Y tú ¿quieres jugar al fútbol también?
– De acuerdo.

If you have not got the activity on your list, say **No** and mention something on your list. Use this dialogue as a model.

– ¿Qué vas a hacer esta tarde?
– Voy a ir al cine. Y tú ¿quieres ir al cine también?
– No puedo. Tengo un examen mañana. Voy a estudiar.

UNIDAD 14

 ## ¿Te gustaría ir a la discoteca?

The young people on the tape are talking about where they would like to go. You will hear phrases such as:

¿Te gustaría ir a la discoteca?	Would you like to go to the disco?
Me gustaría jugar al minigolf.	I'd like to go to play minigolf.
¿Te gustaría ir a la bolera?	Would you like to go to the bowling alley?
Me gustaría ir al Museo de Cera.	I'd like to visit the wax museum.
¿Te gustaría jugar al tenis?	Would you like to play tennis?
Me gustaría ir al parque de atracciones.	I'd like to go to the amusement park.

What does each pair on the tape finally decide to do?

el museo de cera

el parque de atracciones

la bolera

la discoteca

el minigolf

  ## Me gustaría

¿Qué te gustaría hacer el sábado?
Me gustaría ir al parque de atracciones.
¿Vamos juntos?
De acuerdo.

Take turns with a partner making up similar dialogues to fit this information.

Ejemplo:
Número uno: – ¿Qué te gustaría hacer el domingo?
– Me gustaría jugar al tenis.
– ¿Vamos juntos?
– De acuerdo.

 1 el domingo   2 esta tarde

 3 mañana   4 el lunes

 5 el miércoles   6 esta mañana

Una visita a España

You are on a school exchange visit to Spain. At least two activities a day are planned for you to choose from. The Spanish family you are staying with want to know what you are going to do each day. For variety, change the way in which you tell them now and again.

Ejemplo:
– El lunes voy a visitar el centro de deportes.
O puedes decir:
– El lunes me gustaría visitar el centro de deportes.

HORARIO PARA LOS ALUMNOS INGLESES

Lunes	ir a clase en el colegio visitar el centro de deportes	**Viernes**	ir de compras ver una película
Martes	visitar el museo jugar al tenis	**Sábado**	jugar al minigolf ver la televisión en casa comer en un restaurante
Miércoles	ir a la playa visitar el castillo	**Domingo**	ir de excursión salir a la casa de unos amigos españoles
Jueves	visitar el parque de atracciones ir a una discoteca		

Ahora la prueba . . .

To prove you can do these things . . .

1 Work with a partner who will be a Spanish friend. You are going to decide on a programme for the week.

Ejemplo:
- ¿Qué vamos a hacer el lunes?
- ¿Vamos a visitar el museo?
- De acuerdo, vamos a visitar el museo.

O, si no te gusta esto, puedes decir:
- ¿Por qué no vamos a ver una película?

2 Answer this extract from a letter from a Spanish friend who wants to know what you will both be doing when he comes to visit you:

. . . ¿Qué vamos a hacer durante mi visita? Me gusta mucho la natación. ¿Vamos a ir a una piscina o vamos a estar unos días en la costa? ¿Vamos a visitar unos castillos? Me gustaría visitar Windsor Castle y otros castillos antiguos que están cerca de tu casa. Por las tardes ¿vamos a bailar a una discoteca o vamos a ir al cine? Me gustan mucho las películas del oeste . . .

Ahora sabes . . .

Now you know . . .

how to ask, and reply to the questions: what are you going to do?	¿Qué vas a hacer mañana? Voy a jugar al tenis.
what do you want to do?	¿Quieres ir al cine? No, quiero ver la televisión.
what would you like to do?	¿Te gustaría ir a la playa? Sí, me gustaría mucho. Me gustaría salir a la cafetería.
how to express agreement:	De acuerdo.
how to talk about other actions which take place during the day:	Voy a levantarme a las siete. Voy a volver a casa. Quiero salir a la cafetería. Voy a acostarme a las once.
how to understand the names of more places of entertainment:	el parque de atracciones el museo de cera la bolera la pista de hielo la sala de fiestas la sala de baile

Unidad 1

Did you spot the two words for *a* in Spanish?
Look at these sentences:
- ¿Hay **un** café por aquí?
- ¿Hay **un** banco por aquí?
- ¿Hay **un** parque por aquí?
- ¿Hay **una** cafetería por aquí?
- ¿Hay **una** farmacia por aquí?
- ¿Hay **una** discoteca por aquí?

Un and **una** are the two words for *a* in Spanish and you should try to learn which one is used with each new word you learn. As a start, find at least six words using **un** and another six using **una** in the *Introducción* and *Unidad 1*.

To see if you can remember whether to put **un** or **una** try asking if there is one of each of these places nearby.

Ejemplo:

1 – ¿Hay un bar por aquí?

There are also two words in Spanish which mean *the*. Can you see what they are? Look at these sentences:
- ¿Dónde está la estación, por favor?
- ¿Dónde está la catedral, por favor?
- ¿Dónde está la Oficina de Turismo?
- ¿Dónde está el mercado?
- ¿Dónde está el Hotel Las Vegas?

Find at least six words using **el** and six using **la** which you have met so far in this book. Did any of these words come in the **un/una** lists?

You've probably noticed that words that use **un** for *a* have **el** for *the*.
Those that have **una** for *a* use **la** for *the*.
Try asking where these places are, using **el** or **la**.

Ejemplo:

If you see
you ask – ¿Dónde está el teatro romano?

This chart may help you to remember:

	A	THE
	un	el
	una	la

You've probably spotted **al** too:
- ¿Por dónde se va al teatro romano?
- ¿Por dónde se va al Ayuntamiento?
- ¿Por dónde se va al castillo?

a + el = al

With words that take **la** you just put **a** in front:
- ¿Por dónde se va **a la** Oficina de Turismo?
- ¿Por dónde se va **a la** catedral?

To see if you remember this, make sure you can ask the way to these places which you are hoping to visit whilst you are in Málaga:

el castillo	el teatro romano
la catedral	el puerto
el museo	el Hotel Las Vegas
la Cafetería Miramar	la estación de autobuses
la playa	

Ejemplo:

- ¿Por dónde se va al castillo?

Ask the way to these places. Your partner can just point to them on the plan on pages 8–9.

Have you spotted **del**?
- Está cerca del teatro romano.

de + el = del

Say where the people are, using these phrases:
 cerca de   lejos de   al lado de   enfrente de

Ejemplo:

- Está al lado del Hotel.

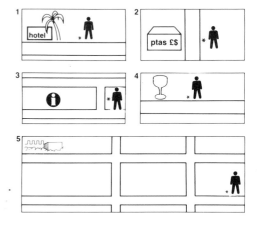

Unidad 2

 ¡Más!

Have you noticed how to talk about more than one thing in Spanish? Look at these examples where one place only is asked about.

– ¿Hay un restaurante por aquí?
– ¿Hay una discoteca en Torremolinos?
– ¿Hay un museo en York?

Now look at:
– ¿Tiene una lista de restaurante**s**?
– ¿Tiene una lista de discoteca**s**?
– Hay tres museo**s** en Málaga.

As in English, an -**s** is added when we talk about more than one.

Now look at these examples:
– ¿Hay un hotel por aquí?
– El tren está en la estación.
– El autobús está en la calle.

Now compare them with:
– ¿Tiene una lista de hotel**es**, por favor?
– ¿Tiene un horario de tren**es**, por favor?
– ¿Tiene un horario de autobus**es**, por favor?

Here -**es** has been added. If a word ends in a vowel (*a, e, i, o* or *u*) -**s** is added at the end, but -**es** is added if the word ends in any other letter.

The form of a word which talks about more than one is called the *plural*.

 ¡Hay más!

A Spaniard has described his or her town to you, listing all the places of interest. Write a similar description of your town in Spanish. Mention all the places of interest and entertainment for which you know the Spanish, and say how many of them there are. Here is what the Spaniard wrote:

'En mi ciudad hay un castillo, tres iglesias, dos restaurantes, dos hoteles, un parque, un cine, dos discotecas y una estación.'

Of course, if your town has a beach, a cathedral, a port or some other interesting place, don't forget to include it in your description.

Have you noticed the word **los**? It is the plural of **el**. Spanish, like many other languages, has plural words for *the*.

el hotel	**los** hoteles
el banco	**los** bancos
el restaurante	**los** restaurantes
el tren	**los** trenes

The plural of **la** is easier:

la playa	**las** playas
la calle	**las** calles
la oficina	**las** oficinas
la catedral	**las** catedrales

Here is a simple reminder:

el	→	los
la	→	las

 En la Costa del Sol

Here is an extract from a tourist brochure about the Costa del Sol.

As in English, when you make a list of things, you put *the* before the items or places named. For example: I like *the* discos and *the* beaches in Torremolinos.

Imagine that a Spaniard, who has not visited the Costa del Sol, asks you:
– ¿Qué hay de interés en Torremolinos y en Marbella? Can you list all the places worth visiting, using the extract you have just read?

Ejemplo:
– En Torremolinos hay, por ejemplo, las playas y las salas de fiesta.

 COSTA DEL SOL

A 12 kilómetros de Málaga está Torremolinos con las excelentes playas de La Carihuela, Montemar y El Lido. Las salas de fiestas, los restaurantes, etc. de Torremolinos son famosos en todo el mundo. Y Marbella ¡ciudad antigua y moderna! ¡Marbella de los grandes hoteles modernos y las antiguas casas blancas! En España hay muchos contrastes: las ruinas árabes y los espléndidos hoteles, las playas y los campos de golf, y también las montañas de la Sierra.

Unidad 3

 Recorriendo Málaga

How would you ask for these places?

Ejemplo:

1 – ¿Dónde está el puerto, por favor?

Banco de Bilbao

Cervantes   Miramar

 Repasando el plural

Can you ask for these items at the Tourist Office?

a list of hotels   a list of discos
a train timetable   a bus timetable
two maps of Málaga

Ejemplo: *a list of restaurants*
– ¿Tiene una lista de restaurantes, por favor?

If you said or wrote **autobuses** for the last one you were quite right. Most words ending in -**s** add -**es** as usual when you talk of more than one.

 ¿Qué día?

Look at the days of the week mentioned in these adverts. Can you spot the difference between each pair of adverts? You can see that **lunes** and others ending in -**s** do not change in the plural, but **domingo** and **sábado** add an -**s**. The **el** shows that one day is being talked about, and **los** that more than one day is being talked about.

 ¿Cuándo se abre?

Various places in your town (shops, restaurants and places of interest) want to put up notices in Spanish to help tourists. Can you translate these signs into Spanish?

Ejemplo:
Closed on Thursday afternoons
Cerrado los jueves por la tarde

1 | **Closed on Sundays**

2 | **Open on Wednesdays and Fridays**

3 | **Closed on Mondays**

4 | **Open on Saturday afternoons**

5 | **Open on Tuesdays and Thursdays**

Unidad 4

Cliente: – ¡Oiga, camarero!

Camarero: – Buenos días, señora, ¿qué quiere?

Cliente: – Quiero un café con leche y un bocadillo de queso.

Camarero: – Y usted señor, ¿qué quiere?

Cliente: – Quiero un vaso de cerveza y una ración de tortilla.

Camarero: – ¿Nada más? . . . Muy bien.

Can you now complete this dialogue?

– ¡Oiga, camarero!
– Sí, señor, ¿qué .... ?
– .... una botella de vino y un sandwich de jamón.
– Y usted señorita, ¿qué .... ?
– .... una naranjada y un perrito caliente.
– ¿Algo más?
– No, nada más gracias.

How many different words did you use?
The answer should be two, very similar words.

¿Qué quiere?   What do you want?
Quiero una botella de vino.   I want a bottle of wine.

Quiere and **quiero** are parts of the same verb. The different endings show *who* wants something.
Quiere means *you* want.
Quiero means *I* want.

¡A practicar!

Work in a group. One of you is the waiter or waitress. The others are customers and must ask for what they want from this list.

café con leche	
té	65
limonada	60
bocadillos	70
tortilla	150
hamburguesa	100
tapas (una ración)	120
	130

Ejemplo:
Cliente: – ¡Oiga, señor/ita!
Camarero/a: – Buenos días, ¿qué quiere?
Cliente: – Quiero un bocadillo por favor.
Camarero/a: – Muy bien. Y usted, señor/ita, ¿qué quiere?
Otro/a cliente:– Quiero un café con leche, por favor.

¡Y ahora a ti!

una tarjeta	10 ptas.
un sello para Inglaterra	35 ptas.
un sello para España	18 ptas.

Still working in groups, make up a dialogue in an **estanco**. One person will be the assistant, the others will be customers. Use the café dialogue as a model.

¿Qué quieres?

– María, ¿qué quieres?
– Una Coca Cola y una ración de patatas fritas, por favor.
– Felipe, ¿quieres algo?

This was what the father said to his children on the tape for **Una ración de algo** in this *Unidad*. Did you spot the different endings here, compared with the waiter's questions?

Ejemplo:
– Señora, ¿qué quiere?

¿Qué quiere? means *What do you want?* when talking to a stranger or an adult.
¿Qué quieres? means *What do you want?* when talking to a young person or a friend.

En un café

You are in a café near your home with some Spanish teenagers who are on an exchange, but speak very little English. You have written this list in Spanish of what is available.

Go round and ask everyone what they want.

Ejemplo:
– ¿Qué quieres?
– Quiero un sandwich de queso.

Go round until everything has been asked for. Write down who wants what.

café con leche
café solo
té con leche
Coca Cola
limonada
naranjada

sandwich de { queso / jamón

hamburguesa
perrito caliente
helado de { vainilla / chocolate / fresa

 ¿Verdad?

At the end, check the order by asking people like this:

Ejemplo:
Tú: – Marisol, quieres una Coca Cola, ¿verdad?
Marisol: – Eso es, una Coca Cola.

Tú: – Y Juan, quieres una hamburguesa, ¿verdad?
Juan: – No, quiero un perrito caliente.

Take turns at being the English speaker taking the orders.

 Tus invitados

At the end of your stay with your penfriend's family in Spain, you offer to take them and some friends out to a meal, to thank them for their hospitality. You decide to order everyone's meals and drinks, and must ask each person what he or she wants.

Working in groups of eight, put the numbers 1 to 8 on slips of paper and give them out. Take turns to tell the host (number 1) which number you have. The host will then ask you what you want, using **¿Qué quieres?** or **¿Qué quiere?** as suitable. Each guest must give a suitable answer.

Ejemplo:
– Soy el ocho.
– ¿Qué quiere?
– Quiero un café y una ración de tortilla.

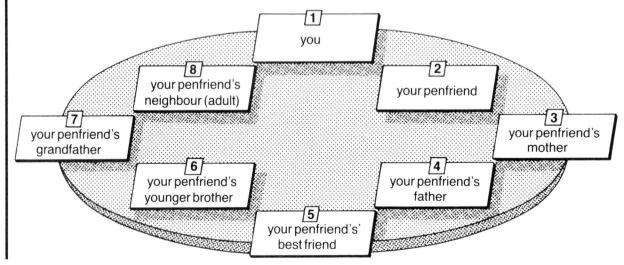

Unidad 5

¿Dónde se coge . . .?

– ¿Dónde **se coge** el autobús para el ayuntamiento?
– Bueno, **se coge** el número once en la plaza. **Se va** hasta el paseo del Parque y **se baja** enfrente del ayuntamiento.

1 What was the question asking?
2 What was the basic answer to that question?
3 The person answering gave two more pieces of information about the journey. What were these pieces of information?

Se is used here to show that the information applies to everyone. In English we would normally use *you*: ¿Dónde **se** coge . . .? Where do *you* catch the bus . . .? **Se** is used in the same way in Spanish. You will see **se** on notices and in instructions which are going to be used by everyone who reads them.

Aquí hay más ejemplos:

Laboratorio
Rayos X
Se prohíbe entrar

No se puede entrar en este laboratorio.

En esta cafetería se habla inglés, francés y español.

Cafetería Sol
English spoken
On parle français
Se habla español

No se puede fumar en este autobús.
Note: **ruega** is from the verb 'to request'

Se ruega no fumar

no se puede = se prohíbe
se puede = se permite

¿Verdad o mentira?
1 Se habla francés en la Cafetería Sol.
2 Se ruega entrar en el laboratorio.
3 Se prohíbe fumar en el autobús.
4 No se permite entrar en el laboratorio.
5 Se puede hablar inglés en la cafetería.
6 Se permite fumar en el autobús.

Una visita a Londres

Here are some instructions and information about things to do in London, sent by an English school to a Spanish school with which they are organising an exchange.

1 What is the problem about getting to Buckingham Palace?
2 How do you get there, according to this extract?
3 What are you told about getting into Westminster Abbey?
4 What three good reasons for going to the British Museum are mentioned?
5 What two things are not allowed in the museum?

En Londres se puede visitar muchos monumentos de interés, por ejemplo el Palacio de Buckingham. Pero para ir no se puede coger un autobús. No se permite a los autobuses bajar por el Mall. Se baja en la Plaza de Trafalgar y hay que ir a pie por el Mall. Para visitar Westminster Abbey, sí se puede coger un autobús hasta Parliament Square y se baja cerca del Abbey. Se prohíbe entrar en el Abbey si hay un servicio, pero se puede entrar en el Museo Británico durante todo el día. No se paga para entrar en el museo y se puede pasar muchas horas allí. Pero, como en todos los museos y galerías de arte, se prohíbe fumar y se ruega no sacar fotografías.

Un folleto turístico de tu ciudad

Some Spaniards are coming to your town on an exchange visit. You have been asked to help to write a brochure in Spanish to tell them something about places of interest in the town.

Here is an outline to help you. Fill in the gaps with verbs (from the list at the end) and replace the words in brackets ( ) with similar words or phrases to describe your town.

Ejemplo:

If the best known place in your town is the museum, you would complete and change the first sentence:
En (York) .... visitar (la catedral)
like this:
En Newtown se puede visitar el museo.

En (York) .... visitar (la catedral). Para ir a (la catedral) .... el autobús número (siete) .... hasta (la plaza) y ....
(delante del ayuntamiento). Después, por la tarde .... ir (a una discoteca) o a un 'pub'.
En Inglaterra .... entrar en un 'pub' si no se tiene 16 años.

    se prohibe   se va   se puede   se coge   se baja

 ### En mi clase

Make some Spanish notices to put up in or outside your classroom. Put these pieces together to make the largest possible number of sensible notices. You can use each piece more than once. You can also make several notices meaning the same thing.

Check with your friends to see who got the most. When you are sure your notices are correct, write them all out neatly.

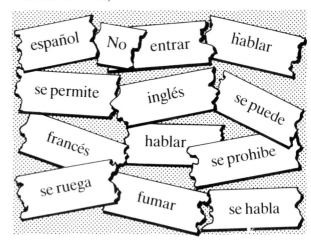

Unidad 6

Los adjetivos

In this extract from one of her letters your Spanish penfriend is asking you to buy several items to take over to Spain when you visit her.

> ¿Puedes comprar una muñeca típica, un jersey azul de Marks and Spencer, un bolso no muy caro, una caja grande de chocolates y el último disco de mi grupo favorito 'ZAP'?

What has she asked for?
To help you, she has described everything in some way:

Ejemplo:
una muñeca **típica**, *not just* una muñeca.
Words added to help describe an item are called *adjectives*. There is another adjective in this letter which is not underlined. Can you find it?

A buscar . . .

1 How many adjectives can you list from this *Unidad*? (Don't forget to include colours.)
2 Find a suitable adjective to put with each of these words. Then you will have a list of presents you could ask your penfriend to buy before she comes to stay with you. When you have finished, choose which item you would most like her to bring.

    un abrigo ....
    un cinturón ....
    un bolso ....
    un monedero ....
    un jersey ....

You may have noticed that all the words in this exercise are *masculine* (they have **un** with them).

The next extract from your penfriend's letter has a number of *feminine* words (with **una** or **la**). Look carefully at the adjectives which go with these words.

¿Qué hay de interés?

> Me preguntas ¿qué hay de interés en mi ciudad? Pues, Málaga es una ciudad muy histórica. Tiene el teatro romano, dos castillos árabes y una catedral importante. En la parte moderna hay hoteles y casas grandes. La playa es blanca y el mar es azul. El hotel que está al lado de mi casa tiene una piscina grande.

1 What places of interest does she mention?
2 The feminine words and adjectives are underlined. What do you notice about most of the adjectives describing these words?

Many of them end in **-a**. An adjective which usually ends in **-o** changes and ends in **-a** with a feminine (**una** or **la**) word.

Ejemplo:

un cinturón barato

una muñeca barata

Other adjectives are the same with both masculine and feminine words.

Ejemplo:

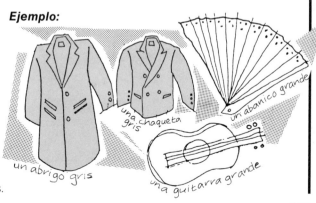
una chaqueta gris
un abanico grande
un abrigo gris
una guitarra grande

117

A SER DETECTIVE

 ### Una lista de regalos

You are in Spain with a friend whose Spanish is not very good. She wants you to help her with her shopping. Here is her list:

> a small fan
> a white coat
> a red purse   a small doll
> a large bag   a green jacket
> a cheap guitar

Can you work out how to ask for these in a shop?

Ejemplo:
– Quisiera comprar un abanico pequeño, por favor.

Now make up a similar list of six presents for your family and friends. Write down in Spanish what you would ask for.

 ### Un folleto turístico

A town near you is trying to prepare a brochure to attract Spanish visitors. Can you help by putting suitable adjectives in the spaces?

> Es una ciudad ..... pero los hoteles y atracciones son modernos. El hotel más ..... de la ciudad tiene 200 habitaciones. Las atracciones no son caras. La discoteca más popular es muy ..... Sólo cuesta una libra (£1) la entrada. A cinco kilómetros está la costa con una playa limpia y ..... pero en el centro de la ciudad hay una piscina ..... y moderna.

Choose from these adjectives:

barato	barata	grande
blanco	blanca	moderno
histórico	histórica	moderna

 ### Mi ciudad

Your Spanish penfriend has written asking for information about your town. Can you write five sentences? You may find these adjectives helpful:

moderno / moderna
histórico / histórica
grande
pequeño / pequeña
importante
interesante
industrial

 ### Quiero comprar este abrigo

Este and **esta** are words for *this* in Spanish. Look at them being used on page 53 (Muy caro y demasiado grande). That will show that **este** is used with masculine words (**el** and **un** words) and **esta** is used with feminine words (**la** and **una** words).

Work out what you would say to the assistant once you have decided to buy the items below. Make sure you use the right words for *this*.

Ejemplo:
– Quiero comprar este cinturón, por favor.
– Quiero comprar esta muñeca, por favor.

Unidad 7

- Hola. ¿Cómo te llamas?
- Me llamo María Carmen Fernández.
- Y, ¿de dónde eres?
- Soy española, soy de España.
- ¿Dónde vives en España?
- Vivo en Segovia.
- ¿Cuántos años tienes, María Carmen?
- Tengo dieciocho años.

Yo . . .

You'll see that, when you talk about yourself, the verb ends in -**o** (**soy** is one of only four exceptions).

Take turns with a partner, asking and answering the questions above with details about yourself. Write down your answers when you are sure they are correct.

Y tú . . .

When you talk to someone else, the verb ends either in - **as** or - **es**:

as ¿Cómo te llam**as**?

es { ¿Dónde viv**es**?
{ ¿Cuántos años tien**es**?

See if you can remember the verb in the questions which would give these answers.

¿Dónde .... ?   Vivo en España.
¿Cuántos años .... ?   Tengo veinte años.
¿Cómo te .... ?   Me llamo Francisco.
¿Qué .... beber?   Quiero una Coca
                                          Cola, por favor.

You have met all these verbs already. You find out whether to use -**es** or -**as** by learning the part of the verb called the *infinitive* (in English this is the part with *to*).

Los infinitivos

Verbs in Spanish are put into one of three groups, depending on how their infinitive ends. To work out what these endings are, study these sentences which you already know:

1 Quisiera **comprar** un abanico.
2 Hay que **bajar** en la estación.
3 ¿Qué quieres **beber**, Coca Cola o limonada?
4 ¿Dónde se puede **coger** el autobús número seis?
5 Quiero **vivir** en la Costa del Sol.

¡A practicar!

You have met a Spaniard, and want to find out more about his or her home town and the facilities there. Complete these questions you might ask by putting in the correct infinitive.

1 Para la playa, ¿dónde hay que .... del autobús.
2 ¿Qué se puede .... en los restaurantes típicos?
3 Sí, quiero una bebida típica. ¿Qué hay para .... ?
4 ¿Hay tiendas de recuerdos si quiero .... una muñeca española?
5 Quiero vivir en España pero no tengo mucho dinero. ¿Se puede .... allí sin mucho dinero?

¿Cómo se termina?

Once you know the infinitive you can work out how other parts of the verb will end. This table gives some examples.

¡Quiero compr**ar** algo! Compr**o** una muñeca. ¿Qué compr**as** tú?	I want to buy something. I'm buying a doll. What are you buying?
¿Qué vas a beb**er**? Beb**o** una naranjada. Tú ¿qué beb**es**?	What are you going to drink? I'm drinking orangeade. What are you drinking?
¿Dónde quieres viv**ir**? Viv**o** en York. Tú viv**es** en Leeds, ¿verdad?	Where do you want to live? I live in York. You live in Leeds, don't you?

The *I* part ends in -**o** for all types of verbs.
The *you* part ends in -**as**   for -**ar** verbs

-**es** { for -**er** verbs and
        { for -**ir** verbs

Quiero saber

You are going to have a Spanish pupil from your exchange school to stay with you. You have only been given a name. Your teacher is going to send letters back to the school. You want to find out the following facts about your partner.

age,   ¿Cuántos años .... ?
where he or she lives,   ¿Dónde .... ?
what he or she eats,   ¿Qué .... ?
what he or she drinks,   ¿Qué .... ?
what he or she wants to visit,   ¿Qué .... ?

Write down the questions you would put in your letter.

Work out how to ask:
  when he or she leaves home in the morning,
  when he or she arrives at school,
  what he or she does in the evenings.

Use the verbs:
salir to leave, **llegar** to arrive, and **hacer** to do.

Ser, tener y otros

Some verbs have to be learnt on their own because they do not follow the usual pattern.
Ser (*to be*) is very unusual. **Tener** and **querer** have the endings you expect but sometimes have extra letters in the middle. You will meet other verbs like this, for example **preferir**.
This letter from a young Spaniard contains examples of these three verbs.

Copy this chart into your book by finding the right part of each verb in Inmaculada's letter.

Quiero **ser** profesora.	I want to be a teacher.
(Yo) ..... española.	
Tú ..... inteligente.	
Hay que **tener** paciencia.	You have to have
(Yo) ..... catorce anõs.	patience.
¿Cuántos años ..... ?	
¡Querer es poder!	To want is to be able.
Yo ..... ser profesora.	(Where there is a will
Tú ¿qué ..... ser?	there is a way.)

Una carta

Write out this letter, filling in the gaps with parts of **ser**, **tener** or **querer** and putting in your own details. You will then have a good first letter to send to a Spanish penfriend.

Oviedo
el 12 de Abril

Querida amiga:

¡Hola! Me llamo Inmaculada. Soy tu nueva corresponsal. Soy española; soy de Oviedo, en el norte de España. Tengo catorce años; quiero practicar el inglés porque quiero ser profesora de inglés

¿Y Cuántos años tienes tú? ¿Eres inglesa, escocesa o qué? ¿Qué quieres ser?, ¿profesora?, ¿secretaria?, ¿ingeniera? o ¿qué!

Escríbeme pronto

Un abrazo,

Inmaculada

Querida amiga:

¡Hola! Me llamo (Tracey). ... (inglesa) y ... de (Northampton). ... (catorce) años. ¿Cuántos años ... tú?

Tú, ¿qué ... ser (profesora). ... ser?

Escríbeme pronto
Un abrazo
Tracey.

Unidad 8

Hablando de otros

Mi hermano se llama Juan. Tiene veinte años. Vive en Madrid donde trabaja como mecánico y estudia por las tardes. Más tarde quiere ser ingeniero.

All the words underlined here are *he* or *she* parts of verbs. Compare them with these questions and see if you can see any pattern between the two parts of each verb.

1 ¿Cómo te llamas?
2 ¿Cuántos años tienes?
3 ¿Dónde vives?
4 ¿En qué trabajas?
5 ¿Estudias el inglés en el instituto?
6 ¿Qué quieres ser al terminar tus estudios?

You will realise that the *he* or *she* part of a verb in Spanish is the *you* part with the **s** missing. (In English we *add* an **s** for the *he* or *she* part.)

Mi amigo o mi amiga

Ask a friend the six questions above. Note down his or her answers. Then write a description of him or her that you could send to a Spanish penfriend. It will begin something like this:
– Mi amiga se llama Wendy. Tiene catorce años y vive en Glasgow.
  No trabaja . . .

Más . . .

You need more information about your friend's family. Think of as many questions as possible to ask about his or her mother, father, brothers, sisters and pets.

Ejemplo:
– ¿Tienes un animal en casa?
– ¿Cómo se llama? ¿Cuántos años tiene?
– ¿Trabaja tu madre? ¿En qué trabaja?
– ¿En qué quiere trabajar tu hermano?

How many other questions can you think of? Write down your friend's replies so that they can be added to your previous paragraph.

Underline all the *he* or *she* parts of the verbs. Show what you have written to your friend. If your friend agrees that it is correct, put this description into your **fichero personal** to send to a Spanish friend later.

Ser es diferente

Ser is the only verb which does not form the *he* or *she* part by taking the **s** off the *you* part.

Juan **es** de Madrid. Y tú, ¿de dónde **eres**?
Yo soy Maribel. Ésta **es** mi amiga Pili.
Y tú, ¿quién **eres**?

Amigos y mayores

The *he* or *she* part of the verb is doubly useful. It is used as the polite way of saying *you* do something. Remember, a waiter asks a customer:
– ¿Qué quiere beber?
The customer asks the waiter:
– ¿Tiene Coca Cola?
But you would ask a friend:
– ¿Qué quieres beber?
Or, if offered a drink at a friend's house, you would ask:
– ¿Tienes Coca Cola?

Encuentro en un café

You see a Spanish-speaking family in a café in your home town. You want to practise your Spanish and make friends with them. Think up some questions to ask the boy or girl of your age and then work out the polite versions of the same questions to ask the father or mother.

Try to find out:
  his or her name,
  where he or she lives,
  his or her nationality,
  his or her job or what he or she does.

Ejemplo:
– ¿Cómo se llama usted?

Usted is the polite word for *you* and makes clear that you are not using the *he* or *she* part of the verb here. You may also see it written in its shortened form, **Vd.**

A SER DETECTIVE

 Las hermanas

Here is an extract from a letter from another young Spaniard:

Tengo tres hermanas mayores, se llaman Maritere, Margarita y Lourdes y tienen 22, 20 y 18 años respectivamente. Todas trabajan. Maritere es secretaria. Margarita trabaja como recepcionista en un hotel y Lourdes es empleada de banco.

The words underlined here are *they* parts of verbs, that is the part of a verb used to talk about two or more people.

Aquí hay más ejemplos:
Los españoles habla**n** español.
Mis amigos vive**n** en Madrid.
Los ingleses tiene**n** muchos animales en casa.

Can you work out how the *they* part is formed? It is formed by adding -**n** to the *he* or *she* part. Again, only **ser** is different:

Ejemplo:
Mis amigos **son** de Barcelona.

 Todos juntos

It's often easier to talk about people all together rather than individually. For example, this Spaniard repeats himself a lot by talking about each person and pet separately.

Tengo dos hermanos. Uno se llama Manuel. Tiene trece años, vive en casa con toda la familia y estudia en el instituto. Mi otro hermano se llama Eugenio. Tiene diecisiete años, también vive en casa y estudia en el instituto. Tengo dos animales en casa. El perro se llama Grau y el gato se llama Fifi. Mi padre es de Madrid. Mi madre es de Madrid también. Mi padre trabaja en una tienda y mi madre trabaja en una oficina.

Can you shorten what he has written by using the *they* part of verbs to talk about more than one person at once?

Ejemplo:
Tengo dos hermanos, se llaman Manuel y Eugenio. Tienen 13 y 16 años, viven en casa con la familia, (*etcétera*).

 ¿Verdad o mentira?

Los americanos hablan inglés.
Los españoles viven en Europa.
Los ingleses estudian los sábados.
Los españoles tienen más animales que los ingleses.

Los ingleses quieren ir a las costas y a las playas en España.

Say whether these statements are true or false.

Can you think up some similar sentences about people from different countries? Try your sentences on your friends. They must decide whether they are true or false.

 Ahora sabes . . .

Now you know how to talk about most people. This chart has the parts of each verb you have actually met. Copy it into your book and fill in the blanks from what you now know. You can then have a good chart for reference and revision.

	tener	querer	trabajar	vivir	ser
I	tengo	quiero		vivo	soy
you	tienes	quieres	trabajas	vives	eres
you*		quiere			es
he or she	tiene		trabaja		
they	tienen		trabajan		son

* (polite, to an adult or a stranger)

 Los adjetivos

Mi hermano quiere ser dependiente. **Mi** madre trabaja en el banco. ¿Trabaja **tu** hermano?

These words meaning *my* and *your* are *adjectives*, and they do not change with feminine words. Remember: adjectives that end in -**o** change to -**a** with feminine (**la** or **una**) words, but other adjectives do not.

Mi hermano tiene dos chaquetas, una chaqueta negra y una chaqueta gris.

This rule is the same for **mi** and **tu** (and **su**, which means *his* or *her*).
Fill in the gaps with either **mi** or **tu** (will you need to change them at all?).

Mi hermana tiene 21 años y se llama Asunción. . . . padre es empleado de banco y . . . madre es dentista. ¿Cómo se llama . . . hermano? ¿Trabaja . . . hermana? ¿Cuántos años tiene . . . hermana?

Unidad 9

Una descripción personal

Soy alto y moreno y bastante delgado. Tengo el pelo corto y los ojos azules. Creo que soy inteligente. Mi hermana es rubia como una inglesa; es alta, guapa y muy inteligente.

In this extract from a letter from a young Spaniard:
1 Find all the adjectives referring to masculine singular words.
2 Find all the adjectives referring to feminine singular words.
3 Which is the adjective which refers to **ojos**? What has happened to it?

Adjectives become plural when describing a plural noun. The plural is formed in the same way as for nouns.

Ejemplo:

Unas descripciones de los ingleses y los españoles

Los ingleses en general son bastante **altos**, **delgados** y **rubios**. Normalmente los españoles son más **bajos** y son **morenos**. Las españolas típicas son **guapas** y **morenas** pero más **bajas** que las inglesas. Las inglesas son más **altas** y normalmente son **rubias**.

Adjectives that end in a vowel add **-s** to the masculine or feminine singular to form the plural.

Try with this exercise. The first one has been done for you.

un hombre bajo y guapo	dos hombres bajos y guapos
un chico alto y moreno	dos chicos ....
un chico bajo y rubio	tres chicos ....
un hombre guapo y delgado	dos hombres ....
un hombre gordo y bajo	cuatro hombres ....
una chica alta y rubia	dos chicas ....
una chica baja y morena	tres chicas ....
una chica gorda y guapa	dos chicas ....

Más descripciones

España tiene muchas ciudades interesantes, unas son medievales, otras son grandes ciudades industriales. Los pueblos también son interesantes, muchos son medievales pero son más pequeños que las ciudades.

1 From this passage find the plurals of:

una ciudad interesante	muchas c ....
una ciudad grande	otras c ....
un pueblo interesante	los p ....

And could you now complete the phrases on the right by adding the plural adjectives?

una habitación grande	varias habitaciones ....
una casa interesante	unas casas ....
un piso grande	muchos pisos ....
un jardín verde	varios jardines ....
un español inteligente	muchos españoles ....
una inglesa inteligente	varias inglesas ....

2 Find the plurals from the passage:

una ciudad medieval	unas ....
una ciudad industrial	otras ....
un pueblo medieval	muchos ....

3 Work out:

una catedral medieval	unas catedrales ....
un cinturón gris	dos cinturones ....
un bolso marrón	unos bolsos ....
un abrigo azul	varios abrigos ....
una chaqueta marrón	dos chaquetas ....
una región industrial	muchas regiones ....

A SER DETECTIVE

 Tu clase

A school in Spain did a survey of 30 pupils (15 boys and 15 girls) in a class. Here is the graph they made.

This means, for example:
Cinco chicos son altos.
Dos chicos tienen los ojos azules.
Tres chicas son rubias.

Do a similar graph for your class to compare with the class in Spain. Then explain your graph by writing a report of what it shows.
Ejemplo:
En mi clase diez chicos son altos.
o Hay diez chicos altos en mi clase.
Write a sentence for every column of the graph.

	CHICOS								CHICAS							
					ojos								ojos			
	altos	bajos	rubios	morenos	azules	grises	verdes	marrones	altas	bajas	rubias	morenas	azules	grises	verdes	marrones
15																
14																
13																
12				■								■				
11				■								■				
10		■		■								■				
9		■		■						■		■				■
8		■		■				■		■		■				■
7		■		■				■		■		■				■
6		■		■				■	■	■		■				■
5	■	■		■				■	■	■		■				■
4	■	■		■				■	■	■		■			■	■
3	■	■	■	■		■		■	■	■	■	■			■	■
2	■	■	■	■	■	■	■	■	■	■	■	■	■		■	■
1	■	■	■	■	■	■	■	■	■	■	■	■	■		■	■

 Tu ciudad

Try to improve the description of your town that you wrote on page 75 by using more adjectives to describe the town and places in it.

Ejemplo:
Mi ciudad tiene dos parques **grandes** y muy **verdes** y los museos son muy **interesantes**.

Here are some nouns and adjectives you may like to use.

la iglesia	las tiendas	medieval
la plaza	las casas	grande
los monumentos	el parque	interesante
la catedral	el museo	pequeño
las discotecas		industrial
las calles		moderno

Ser y estar

Here are extracts from brochures on two cities in Spain, Madrid and Salamanca.

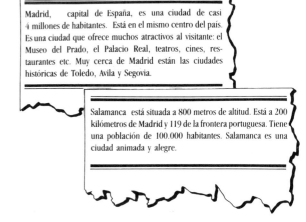

Madrid, capital de España, es una ciudad de casi 4 millones de habitantes. Está en el mismo centro del país. Es una ciudad que ofrece muchos atractivos al visitante: el Museo del Prado, el Palacio Real, teatros, cines, restaurantes etc. Muy cerca de Madrid están las ciudades históricas de Toledo, Avila y Segovia.

Salamanca está situada a 800 metros de altitud. Está a 200 kilómetros de Madrid y 119 de la frontera portuguesa. Tiene una población de 100.000 habitantes. Salamanca es una ciudad animada y alegre.

Look at the two extracts on the previous page and answer these questions.

1 Where is Madrid situated? And Salamanca?
2 Which places are mentioned as being near Madrid?
3 Which is larger, Madrid or Salamanca?
4 What else are we told about both cities?
5 Find the Spanish for:
   a) 'Salamanca is 200 kms from Madrid.'
   b) 'The historic cities of Toledo, Avila and Segovia are very near Madrid.'

Which words are used for *is* and *are* in these two sentences?
They are from the verb **estar** (*to be*) which you already know.

Ejemplo:
¿Dónde **está** Málaga? **Está** en el sur de España.

Look back at the map of Málaga on pages 8–9 and then answer these questions.
¿Dónde está Correos?
¿Dónde está la plaza de toros?
¿Dónde está la catedral?
¿Dónde está el estadio de Rosaleda?
¿Dónde está el ayuntamiento?

Estar is used mostly to ask or say where something *is*. Find sentences in the extracts about Madrid and Salamanca which show this.

Ser is another verb meaning *to be* which you also know.

Ejemplo:
Yo **soy** Marisa Flores
¿De dónde **eres**?
Madrid **es** una ciudad grande y moderna.

Answer these questions. You will use parts of **ser** in your answers.

¿Quién eres?
¿De dónde eres?
¿Eres moreno/a o rubio/a?
¿Cómo es Madrid? ¿Es una ciudad grande o pequeña?
¿Cómo es tu ciudad?
¿Cómo es tu casa?
Los españoles ¿son morenos o rubios en general?
Las inglesas ¿son altas o bajas normalmente?

Ser is used to say what a person or thing *is* or *is like*.

 ### Una ciudad española

In his first letter a young Spaniard sends this description of his home or city.

 ### Y tu ciudad y casa

Write a reply to this letter by answering the questions at the end. Include as many details as you can, using this letter as a model.

Barcelona es una ciudad muy grande. Está en la costa mediterránea de España, en el noreste del país, y es un puerto importante. Tiene muchos sitios de interés – por ejemplo, la catedral y el barrio gótico con sus calles estrechas y las calles famosas que se llaman Las Ramblas. Los museos y las galerías de arte son muy famosos también.

La ciudad está muy cerca de las playas de la Costa Brava y la Costa Dorada. Vivo en un piso, está en el centro de la ciudad, al lado de unos almacenes grandes. No es muy grande, tiene tres dormitorios, pero es nuevo y muy cómodo. ¿Cómo es tu ciudad? ¿Dónde está? ¿Cómo son las calles y las casas? ¿Es interesante vivir en tu ciudad? ¿Cómo es tu casa? ¿Dónde está? ¿Está cerca de una playa?

Unidad 10

 ¡Un corresponsal muy ocupado!

Barcelona, el 11 de Mayo

Querido amigo:

Me preguntas en tu carta qué hago en mis ratos libres. Pues, practico muchos deportes. Juego al tenis en verano y al baloncesto en invierno. También hago ciclismo y, a veces, voy de pesca.

En invierno escucho mis discos porque me gusta mucho la música. Me gustan los discos de grupos ingleses. También toco un poco la guitarra y leo mucho. No voy a las discotecas.

Tú, ¿qué haces? ¿Practicas algún deporte? ¿Juegas al tenis también? ¿Tocas algún instrumento o escuchas mucha música? ¿Qué haces los fines de semana? ¿Vas al cine, lees, o qué?

Escríbeme pronto con tus noticias.

Un abrazo de

Antonio

 ¡A buscar!

Draw up a chart like this one in your exercise book.

1 Infinitivo	2 Yo	3 Tú
practicar	practico	practicas

1 Fill in columns 2 and 3 by "pairing off" all the *I* (**yo**), and *you* (**tú**) parts of the verbs used in Antonio's letter.

2 Fill in the first column by looking back through the unit to find the infinitives of the verbs used in the letter.
Ir, **hacer** and **jugar** are unusual. The others follow the pattern you would expect once you know the infinitive.

A SER DETECTIVE

Entrevistando a tu clase

You have been asked to find suitable penfriends for a number of Spaniards. Interview as many of your classmates as possible to decide who will be the best "match" for each Spaniard.
Find out six pieces of information about each person. Use the verbs on the right as well as those in the charts you have made.

Some are new but you will be able to work out their endings by now.

mirar	to watch	**ver**	to see
bailar	to dance	**correr**	to run
cantar	to sing	**aprender**	to learn
nadar	to swim	**escribir**	to write
montar a caballo	to ride	**estudiar**	to study

Ejemplo:
– ¿Estudias mucho? – Sí, estudio mucho.
– ¿Aprendes mucho en la escuela?
– ¿Sí, aprendo muchas cosas nuevas.

Más preguntas

1 See if you and other members of the class can answer these questions.
  ¿Qué haces los sábados?
  ¿Haces ciclismo?
  ¿Haces gimnasia?

(yo)	**hago**
(tú)	**haces**
(él / ella / Vd.)	**hace**

Hago is the only unusual part of **hacer**. Otherwise it is a normal -**er** verb.

Fill in these gaps with parts of **hacer**:
El rey de España . . . . . muchos deportes y la reina también.
Los dos . . . . . esquí. El Príncipe Felipe . . . . . mucha gimnasia. Las princesas . . . . . muchos deportes también.

2 ¿Quieres jugar al tenis?
  ¿Juegas al fútbol?
  ¿A qué deporte juega Seve Ballesteros?

The endings of **jugar** are those of all -**ar** verbs but in some parts it has **ue** instead of just **u** in the middle. **Querer** is similar with **ie** instead of just **e** in places.

Ejemplo:
¿Qué quieres tomar? Quiero una Coca Cola.

(yo)	**quiero**
(tú)	**quieres**
(él / ella / Vd.)	**quiere**

Fill in these gaps with parts of **jugar** (all will have **ue**).

Yo . . . . . al tenis en el verano pero mi hermano . . . . . al cricket. Los españoles ¿ . . . . . mucho al cricket?
Yo no . . . . . al baloncesto. En Inglaterra el baloncesto no se . . . . . mucho, pero los españoles . . . . . mucho, ¿verdad?

This passage can serve as a model for something you could write to your penfriend yourself.

3 ¿Adónde vas los fines de semana?
  ¿Vas al cine o a la discoteca los sábados?
  ¿Adónde quieres ir este verano?

Did you realise that **ir** was the Infinitive for **voy** and **vas**?
Ir is not a regular verb, but you can work out the endings by thinking of it as **v** + **ar** endings. **Voy** is the only exception.
Try to fill these gaps with parts of **ir**.

Mi hermana . . . . . a Benidorm todos los años.
Muchos ingleses . . . . . a España durante el verano . . . . . a la Costa Brava, la Costa del Sol, o a Mallorca. Yo . . . . . a la Costa Brava con mis padres. Mi padre . . . . . allí porque le gusta el sol.

¡A escoger una pareja!

This is what your penfriend wrote about one of her friends. Write something similiar about two or three of your classmates, so that her friends can choose whom to write to.

> Lourdes practica muchos deportes. Juega al badminton y al baloncesto, hace gimnasia y atletismo y en invierno practica el esquí. También toca la batería en un grupo femenino. Cuando no hace otra cosa, mira la televisión, lee o escucha sus discos en casa.

 ¿Eres buen detective?

¿Qué quieres beber? Quiero una Coca Cola. Me gusta la Coca Cola.

¿Qué prefieres: ir al cine o a la discoteca? Quiero ir al cine. Me gusta mucho el cine.

¿Qué prefieres: practicar deportes o escuchar discos? Prefiero escuchar discos. Me gustan los deportes pero me gustan más los discos de música pop.

Find the Spanish for 'I want', 'I prefer', and 'I like'. What do you notice about the way to say 'I like'?
For 'I like Coca Cola', say:
Me gust**a** la Coca Cola.
For 'I like records', say:
Me gust**an** los discos.

Use **gusta** if you like one thing.
Ejemplo: Me gusta la música.

Use **gustan** if you like two or more things.
Ejemplo: Me gustan los deportes.

Complete these sentences.

1 Quiero una chaqueta. Me . . . . . esta chaqueta marrón.
2 Quiero un helado. Me . . . . . el helado de chocolate.
3 Prefiero el hockey pero tambień me . . . . . el baloncesto.
4 Practico la natación pero me . . . . . más la gimnasia.
5 Prefiero escuchar discos porque me . . . . . la música.
6 Quiero ir a España porque me . . . . . las playas de la Costa del Sol.
7 Prefiero leer o ver la televisión; no me . . . . . los deportes.
8 Leo y veo la televisión porque me . . . . . los pasatiempos.
9 Quiero una caja grande de chocolates. Me . . . . . los chocolates.
10 Escucho muchos discos porque me . . . . . los grupos de música moderna.

A SER DETECTIVE

¿Te gusta?

In Spanish, when you ask, '*Do you like?*', you use **¿Te gusta?** for one thing, and **¿Te gustan?** for more than one thing.

Ejemplo:

¿Te gusta la música pop?
Do you like pop music? (one thing)
¿Te gustan estos discos?
Do you like these records? (more than one thing)

Take turns with a partner asking if he or she likes these things.

Ejemplo: No. 1 ¿Te gusta la limonada?
No. 6 ¿Te gustan los deportes?

1	limonada	6	los deportes
2	el fútbol	7	los helados
3	la música moderna	8	las discotecas
4	el atletismo	9	los discos
5	el pescado	10	las hamburguesas

What would your answers to these questions be?
Write them down so you can compare with your partner's likes and dislikes.
If you do not like something just begin with **No**.

Ejemplo: No me gusta la Coca Cola.
No me gustan los deportes.

Una carta tuya

Here is part of a letter very similar to one you might send to a Spaniard to explain your likes and dislikes.
Write out the correct parts of **gustar** in the spaces.

Yo también practico muchos deportes. Me ...... el tenis y el hockey también. Me ...... hacer ciclismo pero no me ...... los deportes acuáticos porque no practico la natación. Cuando estoy en casa por las tardes me ...... leer libros y ver la televisión. Me ...... mucho la música, toco el piano y me ...... los discos de los grupos 'pop'.

Tú ¿qué haces en tus ratos libres? ¿Te ...... el tenis o el hockey? Si no, ¿te ...... otros deportes?

Yo, los sábados, voy a bailar a una discoteca.¿Te ...... las discotecas? ¿Hay discotecas en tu ciudad?

Hasta pronto.

Besos,

Debbie

129

Unidad 11

– Buenos días, señora, ¿qué desea?
– ¿**Me** pone un kilo de manzanas, por favor?
– Muy bien . . . un kilo de manzanas.

– ¡Oiga, camarero!
– Sí, señor.
– ¿**Me** trae la cuenta, por favor?
– En seguida, señor.

You already know the word **me** from other units.

Complete these sentences.
– ¿Te gusta el baloncesto?
– No, pero . . . gusta el fútbol.
– ¿Cómo te llamas?
– . . . llamo Tracey.
– ¿Te gustan los deportes?
– Sí, . . . gustan mucho los deportes.
They all need **me**.

 ¡Mira bien!

Look carefully at the words after **me** in these sentences.

¿Me **pone** cien gramos de queso, por favor?
Me **llamo** Juan y vivo en Avila.
¿Me **trae** la carta, por favor?
Me **gusta** el pollo.
No me **gustan** las gambas.

They are all verbs. **Me** usually comes before the verb in Spanish. Where does it come in English? Make up five sentences in English using **me**. For example:
My granny always gives me £10 for Christmas.

Me comes after the verb in English, but before the verb normally in Spanish.

Answer these questions using **me** in your answers.
¿Cómo te llamas?
¿Te gusta el fútbol?
¿Qué te gusta más, el pollo o el pescado?
¿Te gustan las hamburguesas?
(Camarero): – ¿Qué quiere de postre?
(Tendero): – ¿Cuántas manzanas quiere Vd.?

 En la cafetería

Complete this conversation adding **me** and suitable verbs.

– Vamos a tomar algo en esta cafetería.
– Ésta es tu amiga. ¿Verdad?
– Sí.
– Hola. ¿Cómo te llamas?
– .... Elena.
– Bueno, Elena. ¿Qué vas a tomar? ¿Te gusta la Coca Cola?
– No, pero .... la limonada.
  ¿ .... un vaso de limonada, por favor?
– ¿Y para ti Carmen?
– Pues, ¿tienen bocadillos de tortilla? ....
  mucho los bocadillos de tortilla. Un bocadillo y un café.
– Muy bien. ¡Señorita, por favor!
– Sí, dígame.
– Una limonada, un café, un bocadillo de tortilla y para mí una cerveza.

  (Más tarde)
– ¿Vamos? Voy a pedir la cuenta.
– ¡Señorita, por favor! La cuenta.
– Sí, en seguida.

 ¿Te fijas en la regla?

Me goes immediately before the verb in Spanish, although it comes after the verb in English.
The same rule applies to **te** (*you* or *yourself*).

Te goes before the verb. Its English equivalent, *yourself* and *you*, go afterwards.
For example, I see *you*.
You wash *yourself* every morning.

Fill in these gaps:
¿Cómo . . . llamas?
¿ . . . gusta la paella?
¿ . . . gustan los mariscos?
¿Qué . . . gusta más, la carne o el pescado?
¿ . . . fijas en esta regla?

Se usa mucho

Me and **te** are called *pronouns*.
Se is also a pronoun. It too goes immediately before the verb in Spanish.

Ejemplo:
El rey **se** llama Juan Carlos.
Mis hermanas **se** llaman Carmen y Remedios.
Se habla español.

Answer these questions using **se** and a suitable verb.
¿Cómo se llama la reina de España?
¿Se habla inglés en Francia?
¿Dónde se coge el autobús para el centro de tu ciudad?
¿Qué se vende en un restaurante?
¿Se puede fumar en los autobuses en Inglaterra?

 ### Por si acaso

There are pronouns in English which come *before* the verb. They are needed to show *who* is doing something.
For example: I work as a secretary.
You work as a mechanic.

The different *verb endings* give this information in Spanish.
Trabaj**o** como secretaria.
Trabaj**as** como mecánico.
Viv**o** en Liverpool.
Viv**en** en Londres.

The Spanish words for I, he, they, etc., are only used, therefore, for stress or to make clear who is being talked about.

Ejemplo:
Yo hablo francés y español; **él** habla español solamente.
Él vive en Liverpool pero **ella** vive en Manchester.
Y **tú**. ¿Qué quieres beber?
¿**Yo**? **Yo** no quiero beber, gracias.

Here is a list of these pronouns in Spanish, in case you need them.

yo	vivo en Londres
tú	vives en Liverpool
Vd.	vive en Sheffield
él	vive en York
ella	vive en Manchester
nosotros **nosotras**	vivimos en Escocia
Vds.	viven en Irlanda
ellos	viven en los Estados Unidos
ellas	viven en Australia

Use the following verbs to make up sentences in which you feel you would need to use the pronouns **yo**, **tú**, etc.

comer	vivir
beber	hablar
querer	preferir

Ejemplo:
Yo prefiero la fruta al helado pero tú prefieres el helado. ¿Verdad?

A SER DETECTIVE

Unidad 12

 Me duele . . .

Can you see any similarity between these two pairs of sentences?

1 **Me** duel**e** la cabeza.
   Me duel**en** las muelas.
2 **Me** gust**a** el pescado.
   Me gust**an** las chuletas de cerdo.

The two verbs are used in the same way in Spanish.
With **duele** and **duelen** the Spanish means:
The head hurts me.
The teeth hurt me.
With **gusta** and **gustan** the Spanish means:
The fish pleases me.
The pork chops please me.

¡A practicar!

Complete these sentences with **duele** or **duelen**:
1 Me .... el estómago.
2 Me .... los pies.
3 Me .... la garganta.
4 Me .... los ojos.
5 Me .... la cabeza
6 Me .... la mano.
7 Me .... las piernas.

¿Y tú?

To ask a friend what he or she likes or dislikes you say
¿Te gusta el esquí?
¿Te gustan los deportes?

Can you work out, then, what to say if you want to
know what is wrong with him or her?

¿Qué te duele?

Work out dialogues from these pictures in the same way as the example.

Ejemplo:

¿Te duele la cabeza?   No, me duele la garganta.

Try the dialogues with a partner. Do you both agree that what the other said was correct?

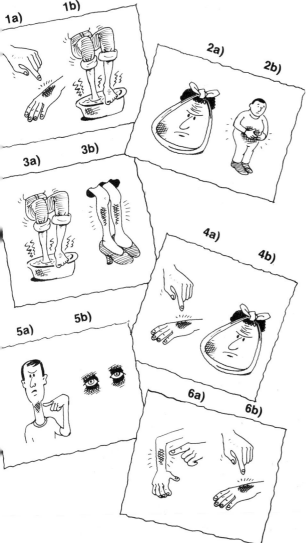

Más sobre verbos

Duele and **duelen** are parts of the verb **doler**.
As you can see, some parts of this verb change in the middle to **ue**.
You have already met some other verbs that do this.
¿Se p**ue**de aparcar aquí? *(poder)*
¿Cuánto c**ue**stan las manzanas? (costar)
¿J**ue**gas al baloncesto en el colegio? (jugar)

Complete these sentences with parts of **poder**, **costar**, **jugar** or **doler**.

1 – ¿Se .... fumar en el cine?
– No, está prohibido fumar en el cine.
2 – ¿Qué deportes te gustan?
– ¿Bueno .... al tenis y al baloncesto.
3 – ¿Cuánto .... la merluza?
– Novecientas pesetas el kilo, señora.
4 – ¿Se prohibe aparcar aquí?
– No. Aquí se .... aparcar por las tardes.
5 – ¿ .... al badminton, Felipe?
– No pero mi hermana .... mucho al squash.
6 – ¿Por qué compras aspirinas?
– Me .... la cabeza.
7 – La fruta es cara en Inglaterra.
– Las manzanas .... casi una libra el kilo.
8 – ¿Por qué no quieres comer con nosotros? ¿Te
.... las muelas?

Jugar

All the other verbs which change to **ue** have **o** in the infinitive. **Jugar** is the only verb which has **u** in the infinitive but then changes to **ue**.

¡Son fáciles!

These verbs that change in the middle have the usual endings.

jugar is like **hablar**:

yo	hablo
tú	hablas
él, ella, Vd.	habla
ellos, ellas, Vds.	hablan

poder is like **comer:**

yo	como
tú	comes
él, ella, Vd.	come
ellos, ellas, Vds.	comen

Now copy this table into your exercise book and try to fill in the other parts correctly.

	poder	jugar
yo		juego
tú		juegas
él, ella, Vd.	puede	
ellos, ellas, Vds.		

Note: costar and **doler** only use two parts. Here is one from each verb. What is the other from each verb?

1 ¿Cuánto cuesta el vino?
 ¿Cuánto ....,............. los plátanos?
2 Me duele la garganta
 Me .... las piernas.

Una carta de tu corresponsal

You will meet all these verbs often. They are needed in this letter. Write out the whole letter and fill the gaps with the correct part of a verb that changes to **ue**.

Barcelona
el 6 de febrero

Querida amiga:
          Gracias por tu carta y tu invitación. Tengo clases hasta finales de junio, pero (1)   visitar Inglaterra en julio o agosto. Voy a coger el avión hasta Londres y luego el tren hasta tu ciudad. ¿Cuánto (2)   el billete de Londres a tu casa?

Me gusta mucho la idea de estar en Inglaterra. Como sabes, yo (3)   al tenis. ¿Se (4)   jugar al tenis cerca de tu casa?
          Normalmente (5)   al tenis o al badminton todos los días, pero de momento no (6)   jugar porque me (7)   los pies. Tengo que estudiar para los exámenes ahora.

Hasta pronto,
Un abrazo
Cristina

Unas preguntas más

Here are some questions which a young Spaniard whom you are planning to visit might ask. What would you answer? Both questions and answers use parts of **querer** and **preferir**.

querer	preferir
yo quiero	yo prefiero
tú quieres	tú prefieres
él quiere	él prefiere
ellos quieren	ellos prefieren

1 ¿Quieres visitar Madrid durante tu visita?
2 ¿Prefieres ir a la costa o a las ciudades históricas?
3 ¿Qué deportes quieres practicar aquí, en España?
4 ¿Qué tipo de comida prefieres, la comida inglesa o la comida española?
5 ¿Prefieres ir en tren o en coche si vamos a Madrid?

These verbs are very like **doler**, etc. These change **e** to **ie** in places where the others change **o** or **u** to **ue**. Draw up a table of the parts of **querer** and **preferir** that you know. Next to it write out **poder** and **jugar**.

Ask your teacher to check it. If it is all correct it will be useful for revision.

Unidad 13

In this unit you have seen or heard:

1 ¿Tiene una habitación libre para esta noche?
   No, lo siento, no <u>tenemos</u> nada.
2 No hay toalla en mi cuarto de baño.
   ¡Ah! lo siento. En seguida se la <u>llevamos</u>.
3 ¿Cuántas noches van a estar ustedes?
   <u>Vamos</u> a estar aquí dos noches.

4 ¿A qué hora se sirve el desayuno?
   <u>Servimos</u> desde las ocho, señora.
5 Buenos días señores, ¿qué desea?
   <u>Queremos</u> una habitación doble, por favor.

The verbs underlined here are all *we* parts of verbs. Letters from firms or hotels often use this part of verbs.

 ### *La cuenta*

HOTEL LAS VEGAS
    MÁLAGA

Cuenta corriente en Banco de Bilbao - Agencia n.º 9

  Muy Sres. nuestros:

    Adjunto le remitimos factura número *734*
referente a la estancia en nuestro Hotel de *18 al 24*
                de Mayo   , por un importe
de pesetas   *24.300*   , que nos puede enviar a su mayor
comodidad.

    Con este motivo aprovechamos la ocasión para saludarle muy
atentamente.

                        HOTEL LAS VEGAS

---

aprovechamos (aprovechar = to take advantage of)
remitimos (remitir = to send)
These are both examples of *we* parts of verbs in this letter.

 ### *¡A ti!*

The *we* part is the easiest part of a Spanish verb to work out. See if you can work out the rule yourself from these examples:

Aprovech**amos** la ocasión para saludarle muy atentamente (*from* aprovech**ar**)
Lo siento, no ten**emos** nada (*from* ten**er**)
Le remit**imos** factura número 724 (*from* remit**ir**)

Quer**emos** una habitación doble (*from* quer**er**)
En seguida se lo llev**amos** (*from* llev**ar**)
Viv**imos** en Madrid (*from* viv**ir**)

As you can see:
   ar verbs end in -**amos**
   er verbs end in -**emos**
   ir verbs end in -**imos**

Nosotros los españoles

Some young Spanish visitors are telling you about their life in Spain and what they are doing here in Britain.

Vivimos en Madrid normalmente pero estamos aquí para estudiar el inglés . . .

Complete the rest of what they say by putting the *we* part of the verbs listed below in the gaps.

En España . . . (1) . . . el inglés en el colegio . . (2) . . . con el profesor para practicar . . . . (3) . . . libros en casa para aprender más. Aquí en Inglaterra . . . (4) . . . el inglés con jóvenes ingleses y . . . (5) . . . sitios de interés. . . . (6) . . . en casas con familias inglesas y por la tarde . . . (7) . . . con ellos y luego . . . (8) . . . la televisión o . . . (9) . . . la radio para practicar el inglés.

1	estudiar	2	hablar	3	leer
4	practicar	5	visitar	6	vivir
7	comer	8	mirar	9	escuchar

Even verbs such as **tener**, **querer** and **hacer** which add or change letters in other parts follow the normal rule for the *we* part.

Ejemplo:
No tenemos nada.
Queremos una habitación doble.

Here is more of what the Spaniards said. Fill in the gaps as before.

. . . (1) . . . clases por la mañana. Después de comer, . . . (2) . . . al tenis o . . . (3) . . . una excursión a un sitio de interés. Por la tarde a veces vamos al cine si . . . (4) . . . escuchar más inglés, pero si . . . (5) . . . mirar la televisión, vamos a casa.

1 tener   2 jugar   3 hacer   4 querer   5 preferir

Only **ser** and **ir** do not follow the rule.

Ejemplo:
Somos españoles
Vamos al cine.

What would the Spaniards say in these cases, using these two verbs?
1 .... españoles, ... de Madrid.
2 Si queremos comer, ... a un restaurante.
3 Por la tarde .... al cine.
4 Nosotros los españoles .... morenos con los ojos negros.

 ### Otra carta a un hotel

Muy señor mío:
     ..... un grupo de jóvenes ingleses. ..... tres habitaciones dobles con ducha para una semana del 18 al 25 de agosto.
     Nos gustan mucho los deportes, ... al tenis y ..... la natación. ¿Hay piscina y pistas de tenis en su hotel?
     No ..... pensión completa, sólo habitación y desayuno.

     Atentamente

You are writing on behalf of a group of friends so will use the *we* part of the verb, the **nosotros** part. Fill in the gaps with the *we* part of the verbs listed at the end.

practicar   querer   jugar   ser

 ### Con jóvenes españoles

As you have seen, young Spaniards are always keen to learn more about young people from other countries. Here is an example of what you might say in answer to some of their questions.

Soy de Inglaterra. Estoy aquí de vacaciones.
Vivo en Leeds, en el norte de Inglaterra. Aquí paso el día en la playa o visito los monumentos. Por la tarde voy a la discoteca.

Suppose you were speaking for your friend as well, because he or she doesn't speak Spanish as well as you. Rewrite these sentences putting the verbs into the *we* part.
(To help you, the verbs are: **ser**, **estar**, **vivir**, **pasar**, **visitar** and **ir**.)

A SER DETECTIVE

 Tu familia

Write an account of your family using as many *we* parts of verbs as possible.

Ejemplo:

Vivimos en Swansea. Tenemos una casa grande. Comemos a las doce y media . . .

 Por si acaso

When a group of you are talking to young Spaniards, you'll hear them use a part of the verb you haven't met before. Just in case it puzzles you, here are some examples. Could you work out what you would all answer to these questions?

¿De dónde sois?
¿Dónde vivís?
¿Estáis aquí de vacaciones?
¿Queréis visitar el Gibralfaro?
¿Jugáis al tenis? ¿Queréis jugar esta tarde?
¿Vais a la discoteca esta noche?
¿Pasáis el día en la playa?

This is a way of saying *you* which is used to more than one friend or young person.
pasáis *from* **pasar**
queréis *from* **querer**
vivís *from* **vivir**
These show that: **ar** verbs end with -**áis** for this part
er verbs end with -**éis**
ir verbs end with just -**is**

 ¿Y vosotros?

Work out what questions you would have asked the Spaniards who were talking about their time in Britain.
Ejemplo:
– ¿Qué hacéis por la mañana?
– ¿Practicáis los deportes por la tarde?
– ¿Miráis la televisión?
Again only **ser** (**sois**) and **ir** (**vais**) aré unusual.

Ejemplo:
– ¿De dónde sois?
– ¿Adónde vais esta tarde?

Work out what questions you would have to ask two young Spaniards to get these replies.
– ¿Quiénes ....?
– Somos Juan y Maribel.

– ¿ ....?
– Somos de Madrid.

– ¿Qué .... a visitar mañana?
– Vamos a visitar Windsor.

– ¿ .... al cine ahora?
– No, vamos a casa ahora.

– ¿Adónde .... esta tarde?
– Vamos a la piscina.

– ¿Cómo .... en general los españoles?
– Somos morenos y bajos con el pelo negro.

 Ahora sabes . . .

Now you know how to work out every part of every verb. You can now fill in the gaps in your verb tables:

	practicar	comer	vivir
yo	practico	como	vivo
tú	practicas	comes	vives
él, ella, Vd.	practica	come	vive
nosotros, nosotras			
vosotros, vosotras			
ellos, ellas, Vds.	practican	comen	viven

Remember: even verbs like **querer** are quite normal in these parts:

querer	jugar	ser	estar	tener	ir
quiero	juego	soy	estoy	tengo	voy
quieres	juegas	eres	estás	tienes	vas
quiere	juega	es	está	tiene	va
quiere	juega	es	está	tiene	va
quieren	juegan	son	están	tienen	van

If you get all these right you should be able to work out almost any verb in Spanish.
Try with **trabajar**, **preferir**, **poder**, **hacer** and **beber** just to prove it. Check whether they have any unusual parts first.

Unidad 14

Los planes de María Jesús

> Valencia el 28 de Junio
>
> Querida amiga:
>
> Ahora estoy de vacaciones hasta Septiembre. Mañana es fiesta y voy a ir a la playa cerca de Valencia con unos amigos. Vamos a pasar toda la mañana en la playa. Vamos a comer paella en un restaurante típico y después vamos a ir de excursión por la costa.
>
> En agosto mis padres y mi hermano van a visitar a mi abuela en Asturias. Van a estar allí todo el mes de agosto. Yo voy a pasar quince días en la Costa del Sol con mi amiga Susana y su familia y después voy a ir a casa de mi abuela.
>
> Esta tarde voy a salir a una nueva discoteca que hay aquí en Valencia.
>
> Escríbeme pronto. ¿Qué vas a hacer durante las vacaciones? ¿Vas a venir a España o vas a volver al País de Gales con tu familia como el año pasado? Tu familia y tú, ¿cuándo vais a visitarme aquí en Valencia?
>
> Muchos besos,
>
> María Jesús

María Jesús is writing about what she is going to do during the holidays. Can you work out how she does this? As you can probably see, it's done like this:

| Part of **ir** Vamos | + | a | + | infinitive comer |

This is very like the English:

| Part of **go** We are going | + | infinitive to eat |

But don't forget the extra word **a** in Spanish!

¿Cuántos?

Which different parts of **ir** does María Jesús use? Write out the forms which she used in columns in your exercise book:

Ejemplo:

Voy a ...	Vas a ...	Vamos a ...	Vais a ...	Van a ...

In each column put all the examples of this verb that María Jesús uses in her letter.

¿Qué vas a hacer?

Supply either the question or answer to these sentences by looking at what María Jesús said in her letter.

1   ¿Adónde vas a ir mañana?

    ....

2   ¿Qué vas a comer en un restaurante típico?

    ....

3   ¿Quiénes van a visitar a su abuela en Asturias?

    ....

4   ¿Cuánto tiempo vas a pasar en la Costa del Sol?

    ....

5   ....
    Voy a venir en agosto.

6   ....
    No voy a volver al País de Gales este año.

¡Vas a practicar!

See how many sentences talking about the future you can make from these words. You can use some of them more than once if you want to, but make sure your sentences make sense.

¿Vas…? · salir · ir · mi familia · mañana · en agosto · esta tarde · mis amigos · volver · voy · a · María Jesús · vamos · bailar · a las dos · a las cinco · jugar · visitar · comer · España · al tenis · el sábado · la playa · al fútbol · al golf · va

 ¿Qué vais a hacer el domingo?

The answer to this question would be something like:
Vamos a ir a la discoteca, *or*
Vamos a salir a una cafetería.
Since the answer is always, '*We are going to*' then **¿Qué vais a hacer?** must be talking to more than one of you.
Vais is the part of **ir** that is used when you talk to a group of friends or people of your own age. Adults will use it when speaking to more than one young person, too.

Ejemplo:

– Hola amigos, ¿qué vais a hacer esta tarde?
– Vamos a escuchar discos en casa de Maritere.
– ¿No vais a ir a la fiesta de Paco?
– No, porque más tarde vamos a ir al cine.

– Bueno, chicos, ¿cuándo vais a visitar el museo?
– Vamos a ir esta mañana.
– Y ¿qué vais a hacer esta tarde?
– Vamos a comprar unos recuerdos en el Corte Inglés.

 Una escena familiar

Conversations like this may well take place while you are staying at a Spanish friend's house.

Padre:	– Bueno, chicos, ¿vais a practicar el español hoy?
Dos ingleses:	– Bueno, al principio no. Vamos a hablar un poco de inglés con sus hijos.
Padre:	– Y ¿dónde vais a hacer esto, en casa o en la playa?
Dos ingleses:	– Vamos a ir a la playa esta mañana.
Padre:	– Y ¿dónde vais a pasar la tarde?
Dos ingleses:	– Vamos a jugar al tenis y después vamos a ir a la discoteca, porque es el cumpleaños de Maribel.
Padre:	– ¿No vais a llegar tarde a casa?
Dos ingleses:	– No, vamos a estar aquí a las once.
Padre:	– Muy bien.

Practise this with some friends. Try to act the scene out so you will be confident about speaking in a similar situation in Spain.

 Una entrevista

You interviewed a group of young Spaniards who were visiting your part of Britain. You recorded what they said, but unfortunately parts of the tape are unclear. Can you work out what would be in the gaps?

– ¿Qué regiones de Inglaterra vais a visitar?
– .... a visitar Londres, Stratford y el Distrito de los Lagos.
– Y ¿ .... a ver los monumentos en .... ?
– Sí, vamos a ver el Parlamento, St Paul's y Buckingham .... entre otros.
– Y después, ¿qué .... a hacer?
– Vamos a volver a España.
– Pero, Pepe, tú .... a visitar a tu corresponsal inglés, ¿verdad?
– Sí, no voy a volver a España con el grupo. .... a pasar quince días en Escocia.
– Y ¿cómo .... a volver a .... entonces?
– .... a coger el avión en Glasgow.
– Muy bien. Gracias a todos.

Nouns and articles

1 All **nouns** in Spanish are either **masculine** or **feminine**. Most nouns which end in **-o** are masculine, and most which end in **-a** are feminine. You put **un** for **a** and **el** for **the** before a masculine noun. You put **una** for **a** and **la** for **the** before a feminine noun.

Ejemplo:
a) **un** museo   **a** *museum (masculine)*
    una cafetería   **a** *cafeteria (feminine)*
b) **el** museo   **the** *museum (masculine)*
    la cafetería   **the** *cafeteria (feminine)*

2 Nouns are made **plural** by adding:
-s to those which end in a vowel in the singular;
-es to those which end in a consonant in the singular.

Ejemplo:
a) museo**s**   *museum**s***
    cafetería**s**   *cafeterias*
b) hotel**es**   *hotels*
    color**es**   *colours*

3 Articles become plural when the noun is plural.

Ejemplo:
los museo**s**   **the** *museums (masculine plural)*
las habitacion**es**   **the** *rooms (feminine plural)*

Plurals of **un** and **una** are sometimes used with a plural noun to mean **some**.

Ejemplo:
unos hotel**s**   **some** *hotels (masculine plural)*
unas cafetería**s**   **some** *cafeterias (feminine plural)*

Notes about plural nouns:
a) Nouns ending in a consonant, which have a written accent in the singular, lose the accent in the plural.

Ejemplo:
la habitac**ión**   las habitac**iones**
el autob**ús**   los autob**uses**

b) Nouns which end in **-s** in the singular:
  i) Add **-es** to form the plural, if the end of the singular word is stressed.

Ejemplo:
el autob**ús**   los autob**uses**
un ingl**és**   unos ingl**eses**
This happens when the singular has a written accent at the end (e.g. autob**ús**) or the word has only one syllable (e.g. **mes**   *month*).

  ii) Do not add **-s** to form the plural when the end of the singular word is not stressed.

Ejemplo:
el mart**es**   *Tuesday*
los mart**es**   *Tuesday**s***

Nouns and Articles

Singular		Plural	
Masculine	*Feminine*	*Masculine*	*Feminine*
un museo	**una** cafetería	**unos** museo**s**	**unas** cafetería**s**
un hotel	**una** habitación	**unos** hotel**es**	**unas** habitacion**es**
el museo	**la** cafetería	**los** museo**s**	**las** cafetería**s**
el hotel	**la** habitación	**los** hotel**es**	**las** habitacion**es**

GRAMMAR SUMMARY

Adjectives

1
a) Adjectives agree with the noun in Spanish.
b) Some change their ending according to whether they are with a masculine or feminine noun.
c) All have both singular and plural forms.
d) They are normally placed after the noun.

2 Singular adjectives
a) Adjectives ending in **-o** change the ending to **-a** with a feminine noun.

Ejemplo:
un abrigo negr**o**   *a black coat*
un hotel pequeñ**o**   *a small hotel*
una chaqueta negr**a**   *a black jacket*
una playa pequeñ**a**   *a small beach*

b) Adjectives not ending with the letter **-o** do not have a special feminine form.
The masculine and feminine forms are the same.

Ejemplo:
un autobús verd**e**   *a green bus*
un bolso azu**l**   *a blue bag*
una blusa verd**e**   *a green blouse*
una chaqueta azu**l**   *a blue jacket*

c) There is one exception to point **b)** above. Adjectives of nationality which end in a consonant in the masculine (e.g. inglé**s**, español) add an extra **-a** to form the feminine, and lose their accent.

Ejemplo:
un chico españo**l**   *a Spanish boy*
un hombre inglé**s**   *an English man*
una chica español**a**   *a Spanish girl*
una señora ingles**a**   *an English lady*

d) Adjectives of nationality which end in **-o** change the **-o** to **-a**, as usual, to form the feminine.

Ejemplo:
un niño american**o**   *an American boy*
una niña american**a**   *an American girl*

3 Plural adjectives
All adjectives become plural if they are with a plural noun. Adjectives follow the same rules as nouns.

a) Adjectives ending in a vowel add **-s** to the correct singular form.

Ejemplo:
el hotel pequeñ**o**   **los** hoteles pequeñ**os**
la blusa blanc**a**   **las** blusas blanc**as**
el bolso verd**e**   **los** bolsos verd**es**
la ciudad grand**e**   **las** ciudades grand**es**

Adjectives

| | Singular | | Plural |
Masculine	Feminine	Masculine	Feminine
1 Masculine ending in -o			
un libro roj**o**	una chaqueta roj**a**	unos libros roj**os**	unas chaquetas roj**as**
2 Masculine ending in any other letter but -o			
un bolso verd**e**	una blusa verd**e**	unos bolsos verd**es**	unas blusas verd**es**
un abrigo azu**l**	una casa azu**l**	unos abrigos azu**les**	unos casas azu**les**
3 Adjectives of nationality not ending in -o			
un chico inglé**s**	una chica ingl**esa**	unos chicos ingl**eses**	unas chicas ingl**esas**
un señor españo**l**	una señora español**a**	unos señores español**es**	unas señoras español**las**

Plural adjectives, continued . . .

b) Adjectives ending in a consonant add **-es** to the singular form (which is the same for masculine and feminine).

Ejemplo:
un abrigo gri**s** **unos** abrigos gri**ses**
una chaqueta marró**n** **unas** chaquetas marro**nes**
el cinturón azu**l** **los** cinturones azu**les**

c) Adjectives of nationality
These adjectives follow the normal rules to form their plurals:

Ejemplo:
un chico mejican**o** **unos** chicos mejican**os**
una señora american**a** **unas** señoras american**as**
una chica ingles**a** **unas** chicas ingles**as**
un recuerdo español **unos** recuerdos español**es**
el chico inglé**s** **los** chicos ingle**ses**
un hombre francé**s** **unos** hombres france**ses**

Notes about adjectives:

a) The words for **this** and **these** are adjectives, but do not always follow the normal rules for forming the feminine and the plural. They always come before the noun.

Ejemplo:
este abrigo *(masculine singular)*
esta chaqueta *(feminine singular)*
estos abrigos *(masculine plural)*
estas chaquetas *(feminine plural)*

b) The possesive adjectives **mi**, **tu** and **su** only change when they come before a plural noun, by adding **-s**.

Ejemplo:
mi hermano **mis** hermano**s**
tu hermana **tus** hermana**s**
su perro **sus** perro**s**

c) Remember that some numbers agree with the feminine noun that they go with.

Ejemplo:
La habitación treinta y un**a**, por favor.
Tengo doscient**as** pesetas.

 **Verbs**

1 Regular verbs
a) When you look up a verb in a dictionary, you will find the **infinitive** (e.g. **trabajar**, **comer**, **vivir**). As you can see, there are three types of verbs:
-ar (e.g. **trabajar** *to work*)
-er (e.g. **comer** *to eat*)
-ir (e.g. **vivir** *to live*)
These are called the three **conjugations**.

b) The ending of the verb shows who is doing the action and whether it is in the present, past or future. There are different sets of endings, according to whether the verb belongs to the **-ar**, **-er**, or **-ir** conjugation. For most tenses, the endings are added after the **-ar**, **-er**, or **-ir** has been removed from the infinitive. It is important to know which conjugation a verb belongs to, so that you can add the correct ending.

c) Because Spanish verb endings normally show the **person** of the verb, it is not usually necessary to use the words for **I, you, we** (etc.) as we do in English.

Ejemplo:
trabaj**o** *I work*
viv**imos** *we live*

Present Tense

trabajar *to work*

(yo)	trabajo	*I work*
(tú)	trabajas	*you (fam.) work*
(él / ella)	trabaja	*he / she works*
(Vd.)	trabaja	*you (formal) work*
(nosotros/as)	trabajamos	*we work*
(vosotros/as)	trabajáis	*you (plural, fam.) work*
(ellos / ellas)	trabajan	*they work*
(Vds.)	trabajan	*you (plural, formal) work*

As you can see, there are different ways of saying **you** in Spanish: **tú**, **usted**, **vosotros/as**, **ustedes**. This is explained on page 145.

comer *to eat*

(yo)	como	*I eat*
(tú)	comes	*you (fam.) eat*
(él / ella)	come	*he / she eats*
(Vd.)	come	*you (formal) eat*
(nosotros/as)	comemos	*we eat*
(vosotros/as)	coméis	*you (plural, fam.) eat*
(ellos / ellas)	comen	*they eat*
(Vds.)	comen	*you (plural, formal) eat*

Vivir *to live*

(yo)	vivo	*I live*
(tú)	vives	*you (fam.) live*
(él / ella)	vive	*he / she lives*
(Vd.)	vive	*you (formal) live*
(nosotros/as)	vivimos	*we live*
(vosotros/as)	vivís	*you (plural, fam.) live*
(ellos / ellas)	viven	*they live*
(Vds.)	viven	*you (plural, formal) live*

Once you know the endings for each conjugation, you can add them to every verb in the conjugation.

> *Ejemplo:*
> **llamar** *to call*
> **hablar** *to speak*
> **bajar** *to get off*
> use the same endings as **trabajar**
>
> **beber** *to drink*
> **coger** *to catch*
> use the same endings as **comer**
>
> **escribir** *to write*
> **subir** *to get on*
> use the same endings as **vivir**

2 Radical changing verbs

There are verbs which use the endings for the conjugation they belong to (e.g. **querer** uses **-er** verb endings and **jugar** uses **-ar** verb endings), but they change or add a vowel in the main part of the verb, the *stem*. The most common changes are: e to **ie** (e.g. **querer** to **quiero**) and
o to **ue** (**costar** to **cuesta**)

e to **ie**
preferir *to prefer*

(yo)	prefiero
(tú)	prefieres
(él / ella)	prefiere
(Vd.)	prefiere
(nosotros/as)	preferimos
(vosotros/as)	preferís
(ellos / ellas)	prefieren
(Vds.)	prefieren

o to **ue**
poder *to be able*

(yo)	puedo
(tú)	puedes
(él / ella)	puede
(Vd.)	puede
(nosotros/as)	podemos
(vosotros/as)	podéis
(ellos / ellas)	pueden
(Vds.)	pueden

jugar *to play*
*(This is a radical changing verb. It is the only verb which changes **u** to **ue** rather than **o** to **ue**.)*

(yo)	juego
(tú)	juegas
(él / ella)	juega
(Vd.)	juega
(nosotros/as)	jugamos
(vosotros/as)	jugáis
(ellos / ellas)	juegan
(Vds.)	juegan

Notes on radical changing verbs:

a) The **nosotros/as** and **vosotros/as** parts (**we** and **you** familiar plural) are the only parts which do not change to **ie** or **ue** in the present tense.

b) There is no way of recognising a radical changing verb from the infinitive. Not all verbs with **o** or **e** in the stem are radical changing, (e.g. **comer** and **beber** are not). However, dictionaries and word lists normally identify these verbs by putting the change in brackets after the infinitive, like this:
querer (**ie**), **costar** (**ue**).

3 Irregular verbs

These verbs do not follow any of the regular rules or patterns. Many of the most frequently used verbs in Spanish must be learned separately, because they are unlike any other verb.

ser *to be*
(This is the most irregular verb of all. Every part is unusual in some way.)

(yo)	soy
(tú)	eres
(él / ella)	es
(Vd.)	es
(nosotros/as)	somos
(vosotros/as)	sois
(ellos / ellas)	son
(Vds.)	son

tener *to have*
*(Except for **tengo**, this verb has the form of a radical changing **-er** verb.)*

(yo)	tengo
(tú)	tienes
(él / ella)	tiene
(Vd.)	tiene
(nosotros/as)	tenemos
(vosotros/as)	tenéis
(ellos / ellas)	tienen
(Vds.)	tienen

GRAMMAR SUMMARY

Irregular verbs continued . . .

ir   to go
*(Apart from **voy** and **vais**, it follows a pattern of **v** + **ar** endings.)*

(yo)	voy
(tú)	vas
(él / ella)	va
(Vd.)	va
(nosotros/as)	vamos
(vosotros/as)	vais
(ellos / ellas)	van
(Vds.)	van

estar   to be
*(Except for **estoy**, and the accents on several endings, it uses the endings of a regular **-ar** verb.)*

(yo)	estoy
(tú)	estás
(él / ella)	está
(Vd.)	está
(nosotros/as)	estamos
(vosotros/as)	estáis
(ellos / ellas)	están
(Vds.)	están

hacer   to do (or to make)
*(Except for **hago**, this is a regular **-er** verb.)*

(yo)	hago
(tú)	haces
(él / ella)	hace
(Vd.)	hace
(nosotros/as)	hacemos
(vosotros/as)	hacéis
(ellos / ellas)	hacen
(Vds.)	hacen

4   Reflexive Verbs

a) An example of a reflexive verb in English is **to wash oneself** (I wash myself, you wash yourself, etc.).
In English, these verbs sometimes take **myself**, **yourself**, **himself**, **ourselves** or **themselves**. In Spanish they always take **me**, **te**, **se**, **nos** or **os**.

b) Many verbs which are reflexive in Spanish are not reflexive in English. The most common is:
llamarse   to be called *(literally: to call oneself)*

(yo)	**me** llamo
(tú)	**te** llamas
(él / ella)	**se** llama
(Vd.)	**se** llama
(nosotros/as)	**nos** llamamos
(vosotros/as)	**os** llamáis
(ellos / ellas)	**se** llaman
(Vds.)	**se** llaman

Notes on reflexive verbs:

a) **Se** goes on the end of the infinitive (e.g. llamar**se**).

b) When the verb is not an infinitive, the normal place for **me**, **te**, **se**, **nos** or **os** is before the verb.

Ejemplo:
Yo **me** llamo
Tú **te** llamas
Nosotros **nos** llamamos

c) When **no** is used, it goes before **me**, **te**, **se**, etc., but after **yo**, **tú**, etc.

Ejemplo:
Yo **no** me llamo María, me llamo Maribel.
Él **no** se llama Juan, se llama Francisco.

d) The subject pronoun comes first of all.

Ejemplo:
Él no se llama Pepe, se llama Juan.

5   Ser and estar
Spanish has two verbs meaning **to be**: **ser** and **estar**. The way they are used is normally very clear. In this book they are used in the following ways:

Ser
Ser is used to describe the permanent or semi-permanent characteristics of a person, place or thing, e.g. nationality, size, colour, temperament, occupations.

Ejemplo:
Soy María.
Es un abrigo.
Málaga **es** una ciudad.
Soy inglesa.
El abrigo **es** negro.
Málaga **es** grande.

Estar
Estar is used with a noun to refer to the position of a person, or place, or thing.

Ejemplo:
Málaga **está** en España.
¿Dónde **está** Correos?
(Yo) **Estoy** en la clase.
Las tiendas de recuerdos **están** enfrente de la catedral.

6 Gustar

a) There is no verb in Spanish which can be directly translated as *to like*. **Gustar** is used instead. It really means *to be pleasing to*.
gusta *it is pleasing*
gusta*n* *they are pleasing*
Ejemplo:
Me **gusta** Málaga *(literally) Málaga is pleasing to me.*
Me **gusta** comer *Eating is pleasing to me.*
Me **gustan** las hamburguesas *Beefburgers are pleasing to me.*
The decision whether to use **gusta** or **gusta***n* depends on whether what is liked is singular (e.g. Málaga), or plural (e.g. beefburgers).

b) To say *you* like, rather than *I* like, change **me** to **te**.
Ejemplo:
Te gusta Málaga, ¿verdad? *You like Málaga, don't you?*
Te gustan las hamburguesas, ¿verdad? *You like beefburgers, don't you?*

7 Impersonal se

a) **Se** is used to convey the idea of *one* or *you* in a general sense.
Ejemplo:
Se prohibe fumar aquí. *You are forbidden to smoke here.*
¿**Se** puede aparcar aquí? *Can one park here?*

b) On other occasions **se** is best translated by saying something 'is done'.
Ejemplo:
Se habla inglés. *English (is) spoken.*
Se prohibe la entrada. *Entry (is) forbidden.*

c) The verb in expressions using **se** is almost always in the third person singular (the *he* or *she* part). However, when the noun immediately after the verb is plural, the third person plural (the *they* part) is used.
Ejemplo:
Se vende**n** libros aquí. *Books (are) sold here.*

Pronouns

1 Subject pronouns

a) These are not often used in Spanish, because the verb endings normally indicate the subject of the verb. However, they can be used for emphasis, and are as follows:

yo	*I*
tú	*you (familiar, singular)*
él	*he*
ella	*she*
usted (Vd.)	*you (formal, singular)*
nosotros/as	*we*
vosotros/as	*you (familiar, plural)*
ellos	*they (masculine)*
ellas	*they (feminine)*
ustedes (Vds.)	*you (formal, plural)*

b) **Tú** and **usted (Vd.)**
There are different words in Spanish for the word *you*. This depends on whether the person being spoken to is
i) a friend or young person
ii) a stranger or older person.

Ejemplo:
(**Tú**) Viv**es** en Madrid, ¿verdad? (*addressing a friend*)
(**Vd.**) Viv**e** en Madrid, ¿verdad? (*addressing a stranger or older person*)

c) **Vosotros/as** and **ustedes (Vds.)**
There are plural versions of **tú** and **usted**, which are used when talking to more than one person.

Ejemplo:
(**Vosotros**) Viv**ís** en Madrid, ¿verdad? (*addressing several friends or young people*).
(**Vds.**) Viv**en** en Madrid, ¿verdad? (*addressing several strangers or older people*).
Note also that there are four verb endings to choose from, depending on the type of *you* being used.

d) Position
Subject pronouns normally come before all other parts of the verb phrase, as in English.

Ejemplo:
Yo no trabajo. *I do not work.*

Pronouns, continued . . .

2 Direct object pronouns

me	*me*
te	*you (fam.)*
le	*him*
lo	*it*
la	*her, it (feminine)*
le	*you (formal)*
nos	*us*
os	*you (plural, fam.)*
les	*them (masc. people)*
los	*them (masc. things)*
las	*them (fem. people & things)*
les	*you (formal, plural)*

3 Indirect object pronouns

me	*to me*
te	*to you (fam.)*
le	*to him, to her, to you (formal)*
nos	*to us*
os	*to you (plural, fam.)*
les	*to them, to you (plural, formal)*

4 Reflexive pronouns

These are the same as object pronouns, except for the third person.

me	*myself*
te	*yourself*
se	*himself / herself / itself*
se	*yourself (formal)*
nos	*ourselves*
os	*yourselves (plural)*
se	*themselves*
se	*yourselves (formal, plural)*

Note that **se** is used with the **usted** or **ustedes** form, to mean **yourself** or **yourselves** when speaking to strangers or older people.

5 Position

a) The usual position of object and reflexive pronouns is immediately before the verb and after the subject pronoun and **no**.

Ejemplo:
(Yo) No **lo** bebo.   *I don't drink it.*
El chico **la** visita.   *The boy visits her.*
Mi hermano no **se** llama Michael, **se** llama John.

b) With positive commands and infinitives, object (and reflexive) pronouns are joined to the end of the verb.

Ejemplo:
Díga**me**. Levánta**te**.   *(command)*
Va a visitar**nos**. Prefiero levantar**me** tarde.   *(infinitive)*

6 Pronouns with prepositions (or disjunctive pronouns)

You will have already met examples such as ***para mí***.

Para is a preposition as are: **a**, **de**, **sin**, **con**, **cerca de**, and similar expressions of place.

When a pronoun is needed after a preposition (e.g. in English: *for **me**, near **us***) the forms used in Spanish are as follows:

mí	*me*
ti	*you (fam.)*
él	*him, it (masc.)*
ella	*her, it (fem.)*
usted	*you (formal)*
nosotros/as	*us*
vosotros/as	*you (plural, fam.)*
ellos	*them (masc.)*
ellas	*them (fem.)*
ustedes	*you (formal, plural)*